마음을
아는 자가
이긴다

마음을 아는 자가 이긴다

'논컨택트 시대'의
연결·소통·어울림

프롤로그

이제 일은 마음을 연결하는
소통 능력으로 판가름 난다

나는 비즈니스 전문 코치입니다. 지금까지 기업 현장에서 7천 시간이 넘는 코칭과 강의를 하며 1만 5천 명이 넘는 리더들을 만나오고 있습니다.

내가 만난 대부분의 리더들은 '사람은 결코 변하지 않는다'라는 신념 아닌 신념으로 마음의 문을 닫고 있었습니다. 물론 그럴만한 개인적 경험이 있었겠지요. CJ그룹에서 25년간 근무한 저 역시 그랬습니다. 사람을 믿지 못했기에 늘 외로웠고, 혼자 분주했습니다. 머릿속은 풀리지 않는 문제들로 가득 차 있었고, 마음속엔 내 기대치만큼 따라오지 못하는 팀원들에 대한 불만과 불신이 넘실댔습니다.

그러다 우연히 '이끄는 리더십'이 아닌 '잠재력을 믿고 일깨워 주는 코칭Coaching'을 알게 되었습니다. 코칭은 멘토링Mentoring이나 티칭Teaching, 컨설팅Consulting과는 다릅니다. 무작정 이끌어가는 것이 아니며, 대단한 원칙을 가르치는 것도, 이론에 입각한 솔루션을 제시하는 것도 아닙니다. 코칭은 그 사람을 온전한 존재로 보고 믿어주면서 최대한의 잠재력을 이끌어내어 원하는 삶을 살 수 있도록 도와주고 지지해 주는 것입니다.

리더십의 기본은 무엇일까요?

리더십은 조직을 한 방향으로 향하게 하고, 팀원들이 자신의 역량을 충분히 발휘하면서 조직의 목표를 달성해 나가도록 만드는 힘입니다. 그런데 대부분의 리더들은 사람이 없다고 말합니다. 본인 주변에 믿을 만한 사람이 없다는 건, 결국 자신 또한 다른 이들에게 믿음을 주지 못한다는 말입니다. 모든 일은 상대적인 것이니까요. 지금 대한민국의 리더들에게 가장 필요한 것은 바로 팀원의 존재를 있는 그대로 알아봐 주고 잠재력을 이끌어낼 수 있도록 도와주는 코칭 능력이라고 단언합니다.

코로나19로 인해 도래한 논컨택트Noncontact 시대, 화면으로는 보이지 않는 팀원들의 마음을 헤아리는 일이 어느 때보다 중요해졌습니다. 리더 개인의 탁월함으로 일을 하는 시대는 지났습니다. 이제 일은 사람의 마음을 모아서 몰입하게 만드는 소통 능력으로 판가름 날 것입니다.

의도를 가지고 마음을 알아봐 주는 일

기업에서 퍼포먼스와 솔루션 중심의 일을 해온 저는 코칭을 하면서 공감하는 것이 가장 힘들었습니다. 공감하려면 마음을 알아야 하는데, 도대체 마음이 무엇인지 그 실체를 파악하기 어려웠습니다.

그러다 마음공부에 대한 화두를 갖고 들어간 명상 심리 박사 과정에서 인경 스님을 만나 마음의 실체를 깨닫고, 지금까지 비즈니스 코칭에 마음을 접목시켜오고 있습니다.

'외부에서 어떤 자극을 받게 되면 무의식에 저장되었던 기억들이 그 순간의 느낌이나 감정, 연결된 생각, 갈망으로 올라온다. 그 현상들을 행동으로 표현하게 되는데, 이 전체 과정을 '마음 작동모델'이라고 한다.'

마음이 도대체 무엇이냐고 묻는 나에게 인경 스님은 이렇게 말씀하셨습니다.

결국 마음은 지금 내 몸에서 느껴지는 감정, 그 감정이 올라오게 된 생각, 그리고 내가 정말 원하는 갈망을 말하는 것입니다. 생각 Think, 감정 Emotion, 갈망 Desire의 연결체인 이 마음 TED을 알아야 합니다.

내 마음을 알아야 나를 움직이고, 상대의 마음을 알아야 상대를 움직일 수 있습니다. 그래서 마음을 아는 자가 이깁니다.

4차 산업혁명, 인공지능 시대가 열리면서 우리에게 커다란 변화의 물결이 몰려오고 있습니다. 인공지능으로도 대체 불가능한 것은 사람의 마음일 것입니다. 그럼에도 우리는 그동안 마음에 너무 인색했습니다. 마음이라는 단어를 습관처럼 사용하면서도 제대로 알지 못했기에 마음을 알아주기는커녕 홀대하기만 했습니다.

이제라도 의도를 가지고 내 마음과 상대의 마음을 알아봐 주어야 합니다. 의도意圖는 어떤 일을 하려고 마음속에 품은 생각을 말합니다. 사람이 어느 날 갑자기 변한다는 것은 욕심일지 모릅니다. 수십 년간 나를 만들어온 습관이 하루아침에 바뀐다는 것도 불가능에 가까운 이야기입니다.

사람들은 분명한 의도가 있을 때 좀 더 집중해서 무언가를 이뤄낼 수 있습니다. 변화도 마찬가지입니다. 하던 대로 하면 아무리 열심히 해봐야 상대가 알아주지 않습니다. 상대가 인식할 정도로 의도된 태도와 행동이 수반될 때 상대의 마음에 가닿을 수 있습니다.

상대의 마음을 알아주기 위한 의도된 노력으로 칭찬만한 것이 또 없습니다. 하지만 칭찬도 나오는 대로 하면 적중률이 낮습니다. 의도를 가지고 그 사람을 잘 관찰한 다음에 해야 제대로 효과를 볼 수 있습니다. 대인관계도, 습관도, 성과 창출도, 더 나아가서는 인생의 모든 것들도 다 분명한 의도를 가져야 제대로 바뀝니다.

이제는 의도를 가지고 내 마음을 알아봐 줍시다. 그리고 다른 사람의 마음도 의도적으로 물어봐 주면서 알아차림 할 수 있도록 도와줍시다.

생각, 감정, 갈망TED을 한 세트로 마음을 알아봐 주면 됩니다. 어렵지 않습니다. 다음 세 가지 질문으로 가능합니다. 비즈니스 현장이나, 일상생활에서 누구에게나 통하는 기적의 질문입니다.

첫째, 지금 어떤 감정이 느껴지십니까? (감정)
둘째, 그 감정은 어떤 생각에서 비롯되었습니까? (생각)
셋째, 그래서 지금 원하는 것이 무엇입니까? (갈망)

이 세 가지 질문에 맞춰 내 마음을 알아차리고, 표현하고, 상대의 마음도 헤아려보시기 바랍니다.

그동안 우리의 시선은 늘 밖을 향해 있었습니다. 내 안을 들여다보는 자기 성찰이나 자각, 마음 담기 같은 일들을 여유나 사치라고 여겨왔는지도 모릅니다. 그러나 이제는 그럴 수 없는 시대가 되었습니다. 어느 때보다 인간 본연의 존재와 가치, 눈에 보이지 않는 마음들을 모으는 일이 중요해졌습니다.

늦지 않았습니다. 마음의 문을 두드려주면 사람이 움직입니다.

그 사람의 존재 자체를 믿어주고, 내면의 가치를 툭 건드려주면 잠재력이 폭발합니다. 마음과 마음이 이어지면 오해받을 일도 없습니다. 가치를 알아주고 인정해 주는 내 곁에는 사람들로 넘쳐나게 될 것입니다. 직장에서건 집에서건 마음 둘 곳도, 마음 나눌 사람도 없다지만 이제 마음을 알게 되면 더 이상 외로워질 일이 없습니다.

이 책 『마음을 아는 자가 이긴다』는 생각, 감정, 갈망TED으로 사람의 마음을 알아차림 할 수 있는 경청에 대해 이야기합니다. 잘 들어주기만 해도 사람들은 마음을 열고 서로 연결하며, 그 연결을 통해 창의적 발상을 합니다. 그래서 경청은 리더십의 시작이고 끝입니다.

경청에 대해서는 이미 많은 사람들이 이야기했고, 또 지겹도록 강조했습니다. 또 그 경청 이야기냐, 경청은 이미 할 만큼 하고 있다며 책을 덮고 싶은 마음이 든다면 잠시 생각해보시기 바랍니다. 최근 내가 어떤 이야기를 경청했는지, 그 내용이 무엇이었는지 말입니다.

상대가 정말 그렇게 이야기 했을까요?

그는 당신에게 정말 그런 메시지를 전달하고 싶었을까요?

상대의 이야기를 나 혼자만의 생각으로 해석하고 받아들인 것은 아닌가요?

경청은 상대도 느낄 수 있도록 하는 것입니다. 내 마음대로 듣고 내 마음대로 해석하는 '나 홀로 경청'은 여전히 불통입니다.

　　내가 경청을 잘하고 있는지 알고 싶은가요? 그렇다면 상대의 얼굴을 바라보세요. 그가 얼마나 편안한 표정으로, 얼마나 신바람이 나서 이야기를 하는지를 살펴보는 겁니다. 그리고 그가 정말 자신의 깊은 속마음 이야기까지 꺼내놓고 있는지 다시 한번 들어보세요.

　　지금까지 열심히 한다고 해온 경청이 반쪽짜리라면 이제 그 경청에 마음을 담아야 합니다. 상대가 마음을 열어 자각하고, 자극을 받아 행동 변화로 이어지도록 도와야 합니다. 이를 위해 우리는 진정한 경청이 무엇인지 재해석해야 합니다. 그리하여 우리가 애타게 찾아다니는 리더십의 핵심이 다름 아닌 제대로 들어주는 일, 즉 경청이라는 사실을 깨달아야 합니다.

　　나는 우리 대한민국이 행복한 나라가 되길 바랍니다. 그 행복은 멀리 있지 않습니다. 스스로의 마음을 살피고, 상대의 마음을 잘 들어주는 것만으로도 우리는 얼마든지 더 행복해질 수 있습니다.

2020년 희망의 여름을 기다리며.
김상임

차례

프롤로그
이제 일은 마음을 연결하는 소통 능력으로 판가름 난다 ・5

1장
귀로 듣는 사람 vs 마음으로 듣는 사람

사람은 언제 움직이는가? ・22
상대의 말속에 있다 ・30
"지금 그 말은 어떤 의미인가요?" ・37
리더의 자존감이 조직의 자존감이다 ・47
나는 잘하고 있다는 바로 그 생각 ・53
표현되어 보이는 것이 다다 ・60
'논컨택트Noncontact 시대', 사람의 마음을 얻는 커뮤니케이션이란? ・67

2장
마음을 들어주면 사람이 움직인다

생각에 치우치거나 갈망에 매몰되거나 · 81
마음에게 물어야 할 세 개의 질문 · 87
자기주장을 잘하는 사람들의 비밀 · 93
감정이라는 특제 소스 · 100
상대의 말을 복사하듯 되물어주면 · 106
설득하려 들면 순식간에 떠난다 · 115
당신이 겉도는 대화만 하게 되는 이유 · 121

3장
하루 5분, 나를 만나는 시간

내 마음이 주는 지혜 · 132
숨만 잘 쉬어도 평정심을 찾는다 · 138
나도 모르는 내 마음을 알려주는 '마음 세 줄 일기' · 143
감정에게 물으면 답한다 · 148
당신 내면의 아이가 심통 났다 · 153
관조(觀照)의 힘 · 161

4장
보스는 말을 담고 리더는 마음을 담는다

사람을 어떤 기준과 잣대로 보는가 · 172
"당신은 어떤 가치를 중시하나요?" · 177
화를 내면 하수, 화가 났다고 말하면 고수 · 185
굳이 말로 표현해야 안다, 발전적 피드백 · 190
싫은 소리를 해야 할 때는 · 199
아무리 일 잘하고 성과를 낸들 · 206
경청의 고수를 찾아주겠니! · 212

5장
진짜 '잘' 들어주는 방법은 따로 있다

리더십은 자세에서 나온다 · 226
스마트폰과 나를 분리하는 연습 · 232
절대 필기하지 마라 · 237
판단과 해석을 멈추면 다가오는 것들 · 243
오감을 넘어 직관을 나누는 순간 · 252
배려도 말을 해야 오해가 없다 · 259

에필로그
한 달에 한 번 '상임스 데이' · 267

부록
에자일Agile 회의 문화를 만들어내는 (ROIC)² 모델 · 273

1장

귀로 듣는 사람
vs
마음으로 듣는 사람

당신은 잘 듣는 편인가?

이 질문에 그럭저럭 잘 듣고 있다고, 대체로 그런 편이라고 대답할 것이다. 하지만 들어준다는 것의 의미를 알게 되면 답변은 달라질 것이다. 잘 듣기는 한다. 문제는 들리는 대로 듣고, 그걸로 끝낸다는 것이다. 말한 사람의 의중을 확인해 보는 과정 없이 내 마음대로 듣고 내 마음대로 해석한다. 그렇게 서로 오해의 불씨가 만들어진다.

바로 그 순간 걷잡을 수 없을 정도로 꼬리에 꼬리를 무는 소통의 병목 현상이 생긴다. 우리는 그 병목 구간을 깨기 위해 또 많은 노력을 기울인다. 커뮤니케이션 교육을 받을 때는 '오케이, 저 정도는 할 수 있지' 하고 변화의지를 다져도 보지만, 실제 현장에 적용하다보면 어색하기 짝이 없다. 한두 번쯤 시도하다가 결국 다시 포기하게 된다.

방법이 없는 것일까?

존경받는 리더들에게는 공통적인 특징이 있다. 그들이 가진 강력한 무기이기도 하다. 바로 '진심으로 들어준다'는 것이다.

진심으로 들어주는 것이 어떤 의미라고 생각하는가? 진심眞心은 거짓 없는 진짜 마음을 말한다. 영어로는 '호울 하트Whole heart', 즉 온전한 마음이다.

사실 온전한 마음으로 듣고 싶지 않은 사람은 없을 것이다. 그런데 방해꾼이 너무 많다. 설령 방해꾼을 물리친다 해도 내 관점에서 듣고 거기에서 멈추는 경우가 다반사다.

이것은 굉장히 중요한 이야기이다. 이 지점이 오해를 만드는 결정적 순간이 되기 때문이다. 상대의 이야기를 들으면서 공감하고, 들은 내용을 되물으며 서로 확인하는 과정을 거쳐야 비로소 완벽한 소통이 되는데, 우리는 이것을 놓쳐버리곤 한다. 결과적으로 마음으로 듣지 못하고 머리로만 듣게 되는 것이다.

상대가 어떤 생각을 어떻게 말하고 있는지, 어떤 감정을 느끼는지, 정말 원하는 것이 무엇인지 등을 분명하게 들어주는 것. 이것이 바로 진심을 다해 온전히 마음으로 들어주는 것이다.

1장에서는 우리가 잘하고 있다고 착각하고 있는 들어주는 일이 왜 그렇게 중요한지, 잘 들어줄 때와 그렇지 않을 때 어떤 일들이 벌어지는지를 알아볼 것이다. 또한 모든 소통의 시작은 다름 아닌 들어주기라는 점도 새롭게 인식하게 될 것이다.

사람은 언제 움직이는가?

월요일 아침, 팀장은 잔뜩 경직된 모습으로 주간 업무회의를 시작한다. 파트장들은 돌아가면서 지난주에 어떤 일을 했고, 이슈는 어떤 것이 있었는지, 이번 주에는 무엇을 언제까지 할지 등의 업무 현안 보고를 한다. 팀장은 앞에 놓여 있는 주간업무 보고서를 하나하나 체크해 가면서 듣고 있다.

    회의실에는 적막이 흐르고 자못 살벌한 분위기마저 감돈다. 파트장들은 아무 말 없이 굳은 표정으로 서류만 보고 있는 팀장의 모습에 마음속 해석을 붙여가면서 좌불안석이다. 어느덧 한 시간이 훌쩍 지났다. 회의 시간 내내 얼굴 근육 한번 움직이지 않았던 팀장이 말한다.

"수고들 했습니다. 이번 주에도 잘해주기 바랍니다."

그 말을 끝으로 각자의 자리로 돌아가 한 주를 시작한다. 그렇게 아침 회의를 마친 파트장들은 어떤 기분이 들까? 내색은 하지 않지만, 또는 자각하지 못할 수도 있지만 기분이 그렇게 유쾌하지는 않을 것이다.

회의를 하는 내내 긴장감의 연속이었다. 서로가 말을 주거니 받거니 교감할 수 있는 순간도 전혀 없었다. 팀장은 파트장들이 보고한 내용에 대해 가타부타 의견도 없이 그저 체크만 하고 넘어갔다. 팀장은 분명 잘 들었을 것이다. 하지만 일방의 소통이기 때문에 파트장들은 마치 감독을 당한 느낌이 들었을 것이다. 각자 자리로 돌아간 파트장들은 자기 팀원들에게 다르게 행동할까. 그들 또한 팀원들과 회의를 하면서 팀장이 했던 행동을 그대로 답습할 가능성이 높다.

아, 내가 존중받고 있구나!
———————

분명 귀는 상대의 입에 집중하고 있다. 하지만 구태여 눈을 마주칠 필요까지는 느끼지 못한다. 귀로 들려오는 정보를 입력하는 것만으로도 벅차다. 말하는 사람의 감정이나 기분까지 살필 여유가 없다. 공감이라는 단어는 왠지 어색하고 부담스럽다.

우리가 대화 중에 흔히 보이는 이러한 태도는 상대에게 매우 부정적인 영향을 미치게 된다.

'인간의 욕구는 위계적으로 조직되어 있으며 하위 단계의 욕구 충족이 상위 단계 욕구의 발현을 위한 조건이 된다'라는 매슬로 Maslow A. H.의 욕구 5단계를 보자. 생리적 욕구, 안전의 욕구, 애정과 소속의 욕구, 그다음이 존중의 욕구, 맨 마지막이 자아실현의 욕구이다. 존중의 욕구가 해결되지 않으면 자아실현의 욕구 단계로 올라갈 수가 없다는 말이다.

조직원들에게 자아실현의 욕구까지 끌어올리지 못하는 회사라면 대부분 이 존중의 이슈를 안고 있는 경우가 많다. 내가 상대를 존중하는 마음이 충분한 것과는 다른 이야기이다. 상대가 존중받고 있다는 것을 순간순간 느낄 수 있어야 하는데, 그 느낌을 주는 것에 우리는 매우 인색하다.

왜 그럴까? 절대 특별한 의도가 있어서는 아니다. 단지 상대가 존중받고 있다고 느끼게 하려면 어떻게 해야 하는지를 배운 적도 경험한 적도 없을 뿐이다.

사람을 스스로 움직이게 하고 싶은가? 그렇다면 일하는 과정에서 '내가 존중받고 있구나!'라고 느낄 수 있도록 해주어야 한다.

"내가 당신을 존중한다고 말하면 되지 않을까!"라고 생각하는 사람도 있을 것이다. 아쉽지만 존중은 '존중하고 있다'라는 말을 듣는다고 해서 금방 느낄 수 있는 것이 아니다. 존중하는 마음을 담아 진심으로 대하고 정성을 쏟을 때 비로소 전달된다.

 생각해 보자. 인정할 수밖에 없는 사람이 말을 하거나, 정말 존경해 마지않는 사람과 대화할 때, 어떻게 하는가? 집중해서 듣는 것은 기본이고, 온몸으로 반응을 할 것이다. 그 순간은 진심일 것이다. 그런데 그 반대인 경우는 어떤가. 내가 편한 사람, 격식을 따지지 않아도 되는 사람과 대화할 때는 판이하게 다른 모습으로 임할 것이다.

 사람들은 상대가 자신의 말을 잘 들어주지 않는다는 것을 감지할 때, 무시당한다고 느낄 수 있다. 실제로 리더십 다면 진단 결과에서 가장 많이 나오는 불만이 '리더가 경청을 해주지 않으니 무시당하는 느낌이 든다. 보고를 하거나 회의를 할 때 투명인간 취급을 당하는 느낌이다. 리더에게 무시당하니 일하고 싶은 마음이 싹 사라진다'와 같은 경청 관련 이슈들이다. 그들이 리더에게 바라는 것은 거창하지 않다. 잘 들어주는 것, 그것 하나만으로도 그들의 마음을 열게 할 수 있고 일에 몰입하게 만들 수 있다.

 "팀원들의 의견을 안 듣고 어떻게 의사결정을 합니까? 그 친구들이 오해하는 거죠. 내가 원래 무뚝뚝한 스타일이라 그런 건데, 그렇게 오해를 하다니 참 당황스럽네요. 허벅지를 꼬집어 가면서 잘 들어주려는 노력도 하고 있는데, 그런 모습은 전혀 알아봐 주지 않고 이런 피드백을 들으니 저도 의욕이 떨어집니다."

리더들의 소리다.

이 간극을 어떻게 좁혀 나갈 것인가? 그 해답을 찾아보자. 그리고 아주 작은 것에서부터 하나하나 풀어 나가보자. 개인과 조직의 상생을 위해서 말이다.

L담당은 신입 공채로 입사해 20년 만에 여성 임원이 되었다. 회사에서 그녀의 별명은 '철의 여인'이다. 여성이지만 남성 버금가는 열정과 책임감으로 많은 성과를 만들어왔고, 기획전략 분야에서는 누구도 따라올 사람이 없을 정도다. 업무적으로는 흠잡을 데 없는 사람이다.

이런 L담당은 최근 인사팀에서 실시한 리더십 다면 진단 결과를 보고 큰 충격을 받았다. 팀원들은 그녀의 탁월함에 위축감마저 든다고 말하고 있었다. L담당과 함께 하는 회의나 미팅을 하는 시간이면 긴장의 연속이라고 했다. 그녀는 보고를 받거나 이슈가 발생했을 때, 상대가 부족하다 싶은 것을 집어내서 메스처럼 날카로운 피드백을 해주곤 했다. 물론 팀원들도 그것이 자신들의 성장에 큰 도움이 되는 것을 모르는 것은 아니다. 그런데 많은 이들이 그녀의 강력 피드백 펀치에 정신을 차릴 수 없다고 말한다. 그전에 아주 조금만이라도 자신들이 하는 이야기와 입장을 들어주고 공감해 주면 좋겠다고 했다.

그녀도 사석에서는 친한 후배들이 이 비슷한 말을 농담 반 진담 반으로 하는 것을 자주 들었다. 하지만 심각하게 들으려 하지 않았고, 그저 허물 없는 후배들의 애교 섞인 응석이라고만 생각했다. 하지만 공식적으로 이런 피드백을 받아들자 한편으로는 섭섭한 마음이 들었다. 그녀는 늘 팀원들이 보고를 하면 집중해서 듣고, 그 문제를 해결할 수 있는 솔루션을 주어 신속하게 해결할 수 있도록 도움을 주었다. 그렇게 해서 타 부서에 비해 성과보상이나 승진에서도 많은 기회를 만들어 주었다고 자부하고 있었다. 그런데도 들어주지 않고 공감해 주지 않았다고 한다? 서운함을 넘어, 그럼 이제 어떻게 해야 하는지 막막함까지 밀려온다. 그렇다면 솔루션을 주지 말아야 하는가? 그냥 들어주고 공감만 하다가 그대로 뒤처져도 좋단 말인가? 머리가 지끈거린다.

내 입장에서만 잘 들으면 뭐해?

L담당이 놓친 것은 무엇일까? 그녀는 보고 내용을 집중해서 잘 들었다. 그리고 풍부한 경험에서 나오는 숙성된 솔루션을 선물처럼 안겨주었다. 그런데 왜 그때는 덥석덥석 잘만 받아 갔던 팀원들이 뒤에서는 잘 들어주지 않았다고 불만을 토로하고 있는 것일까?

아마도 L담당은 팀원들의 보고 내용을 들으면서 자신의 지식과 경험의 저장고를 넘나들면서 솔루션을 찾느라 분주했을 것이다. 그런 모습에서 팀원들은 '아, 내 이야기를 건성으로 듣고 있구나. 내 보고 내용에 흥미가 없으니 눈길도 주지 않는구나. 내가 보고를 끝내자마자, 보강할 내용과 솔루션이 쏟아지겠구나' 라는 해석을 하면서 주눅이 들고, 그나마 있던 자신감도 떨어졌을 것이다.

L담당은 그동안 보고하는 사람과 자신을 연결하는 것을 간과했다. 그 연결은 입으로 하는 경청을 통해서만 가능하다. 귀로만 듣는 것이 아니라, 온몸으로 집중해서 듣는 모습을 보여주고, 동시에 그들이 보고하는 내용의 핵심을 되물어주면서 잘 듣고 있음을 확인시켜줘야 했다.

지금 우리에게는 의도적으로 경청을 해주는 시스템이 필요하다. 시스템이라고 하지만 간단하다. 먼저 말하는 사람의 얼굴에서 눈을 떼지 않고 집중해야 한다. 팀원의 말이 끝나기도 전에 자신의 의견을 속사포처럼 쏘는 행동도 멈춰야 한다.

그리고 의도적으로 추가해야 하는 행동이 있다. 들은 내용을 간단하게 정리해서 되물어주는 것이다. 팀원이 말한 몇 개의 핵심 단어를 사용해서 말이다.

정말 사소한 것이라 생각할 수도 있다. 이것이 무슨 효과가 있을까 의구심이 들기도 할 테다. 그런데 이 경청 효과는 실로 놀랍다.

자신들이 한 이야기를 되물어주면 처음엔 움찔 놀라기도 하지만, 그 질문에 답을 해야 하니, 말수가 늘고 조금은 신이 난 듯한 모습을 보인다. 일방적으로 솔루션을 받아 갈 때보다 자발성이 훨씬 좋아진다.

우리는 흔히 자신도 모르게 만들어 놓은 틀 안에 안주하곤 한다. 나는 잘하고 있다는 편향적 확신에 차서 살기도 한다. 충분히 노력해 보았다고 스스로 위안을 하기도 한다. 그런데 정말 그랬을까, 잠시 생각해보자.

내 입장에서만 잘 듣고 내 관점으로만 해석하고, 판단하고 결론을 내리면, 안 들은 것이나 마찬가지다. 불행히도 거기에서 끝나지 않는다. 말한 사람은 자신이 무시당했다는 느낌을 받게 되고, 마음의 근육이 약한 사람은 그 순간의 장면으로 인해 마음의 상처를 받기도 한다. 그 상처 받은 마음까지도 들어야 하지만, 잘 들리지 않는 것이 현실이다.

그래서 우리에게는 특별한 노력이 필요하다. 지금까지 귀만 열고 들었다면 이제는 마음을 열고 들어보자. 마음을 열고 들어야겠다는 의도를 지녀야 그나마 행동으로 이어진다. 그 '의도된 들어주기 행동'은 상대에게 존중 받고 있음을 느끼게 해줄 것이다. 의도적으로 상대의 마음을 들어주는 연습을 해보자. 진심이 느껴질 때 사람은 움직인다.

상대의
말속에 있다

중학교 때, 한문 시간만 되면 나는 숨고 싶었다. 한자 이름을 풀이하거나, 이름으로 삼행시를 지을 때 특히 그랬다. 미숙, 미경, 향숙, 은주 등등 친구들의 이름은 내 기준에서 다들 예쁜데, 내 이름 '김상임'은 너무 이상했다. 숭상할 상尙 자에 맡길 임任 자를 쓰는데, 어디에서 잘못되었는지 호적에는 임신할 임姙 자로 올라가 있다. 내 이름의 한자 뜻을 알게 되면 친구들이 비웃을까 걱정이 된 나는 한문 수업이 있는 날에는 제발 내 이름이 거명되지 않기를 간절히 바라고 바랐다.

그러던 어느 날, 한문 선생님이 이런 질문을 하셨다.

"얘들아, 이다음에 남자친구가 너희들 이름에 '씨'라는 호칭을 붙였을 때, 우리 반에서 누구 이름이 가장 멋질 것 같아?"

친구들이 이런저런 이름을 말했고, 잠시 후 선생님이 말씀하셨다.

"선생님 생각에는 상임 씨야."

순간 머리를 숙이고 있던 나는 내 귀를 의심했다. 나중에 커서 선생님 마음을 어렴풋이나마 알게 되었다. 선생님 눈에는 한자 이름 때문에 불편해하고 창피해하는 나의 마음이 보인 것이다. 그래서 나 스스로 이름의 새로운 의미를 찾아갈 수 있도록 자극을 준 것이다. 그 시간 이후로 내 이름에 새로운 의미를 부여하게 되었고, 콤플렉스 또한 완전히 사라졌음은 물론이다.

세계적인 경영 컨설턴트 사이먼 사이넥Simon Sinek은 자신의 저서 『나는 왜 이 일을 하는가?』에서 '무엇What'보다는 '어떻게How'를, 다시 '어떻게How'보다는 '왜Why'라는 관점으로 질문을 해야 한다고 강조한다.

마틴 루서 킹Martin Luther King이나 스티브 잡스Steve Jobs 등 역사적으로 성공을 만들어온 사람들은 항상 '왜Why'를 물었다. 늘 분석하면서 본질을 보고자 했고 영감을 자극하면서 살아왔다.

당신은 최근에 누군가에게, 혹은 스스로에게 영감을 자극하거나 본질을 살펴볼 수 있는 질문을 한 적이 있는가?

있다면 당신은 아마도 사람이나 사물에 호기심이 많은 편일 것이다. 그러나 그런 질문을 한 기억이 없다면 아쉽게도 당신은 사물이나 사람에 대한 해석을 많이 하고 있을 가능성이 크다. 해석을 많이 한다는 의미는 들어주는 일에 매우 약하다는 것일 수도 있다.

들어주는 일에 약한 사람은 상대에게 본질을 보게 하거나, 영감을 자극할 수 있는 질문을 하기 힘들다. 왜냐하면 상대를 자극하는 가장 강력한 질문은 결국 그 사람이 말하는 내용 안에 있기 때문이다.

내 말을 들어주지 않는 상대란

여기 두 사람의 이야기가 있다.

첫 번째 이야기이다. 여행 플래너인 P는 10년 전 산티아고 Santiago 순례길 걷기 여행상품을 기획했는데 모객이 잘 될까 내심 걱정이 많았다. 그때만 해도 SNS가 왕성하지 않았던 시절, 여행사로 연락이 와야 영업을 할 수 있고, 그 연락이 온다고 해서 모두 구매로 이어지는 것도 아니었다. 일단 문의가 오면 무조건 그 사람들을 붙잡고 늘어져야 하는 시절이었다. 보통은 여행상품을 설명해서 가예약이라도 받는 것이 최선의 영업 전략이었다.

그런데 산티아고 순례길 상품만큼은 그렇게 팔고 싶지 않았다. 단순한 여행 프로그램을 넘어서 뭔가 큰 울림을 주고 싶었다. 여행사 직원의 권유로 얼떨결에 상품을 구매하고 마지못해 가는 그런 경험을 안겨주고 싶지 않았다. 그래서 지금까지와는 다른 접근을 했다.

그는 우선 고객이 하는 말을 잘 들었다가, 그 의미를 되물어보기로 했다. 결국 여행의 의미는 고객 스스로 찾아야 하는 것이니 말이다.

"왜 산티아고 길을 걷고 싶은 건가요?" 첫 질문이었다.

"10년간 뼈가 으스러질 정도로 일했어요. 이제 나에게 선물을 주고 싶어요." 고객의 답이다.

"10년간 열심히 일한 자신에게 선물을 해주고 싶으신 거네요?" 고객이 말한 단어를 써서 다시 되물어주었다.

"맞아요. 정말 미친 듯이 일하면서 이룬 것도 많은데, 가끔 공허해요." 자신의 처지를 공감했다고 생각했는지 고객이 좀 더 적극적으로 이야기를 한다.

"공허하다고 하셨는데, 그것은 어떤 의미인가요?" 고객이 말한 핵심 단어를 써서, 그 의미가 무엇인지 다시 물어보았다.

"방전되고 있다는 느낌이에요. 무엇을 위해서 이렇게 사는지도 의문이고…. 좀 방해받지 않는 시간이 필요해요. 그래서 이번에 산티아고 순례길에 도전해 보려고 해요. 걸으면서 많은 것을 얻을 수 있을 거 같아요." 고객 스스로 이 여행 상품에 의미를 부여하게 되었다.

이렇게 대화를 하면 대부분의 고객들은 산티아고에서 자신들이 원하던 것을 이미 이룬 것 마냥 상기되었다. 포인트는 그들이 무심결에 내뱉은 말속에서 핵심 단어를 찾아 그 의미를 물어본 것이다. 그 질문에 답을 하면서 고객들은 스스로 현재의 지치고 힘든 모습에서 여행 후 생기 넘치고 의욕에 찬 모습을 떠올리게 된다.

마지막으로 많은 고객들이 "산티아고에 꼭 가야 할 것 같아요. 이야기하면서 더 확신이 드네요"라고 답하게 되었다. 결국 P는 영업 멘트 한 마디 없이 처음 기획한 여행상품을 고객들이 선택하게 만들었다.

다음은 두 번째 이야기이다.

라이프플래너Life-planner A는 학교 선배에게 고객을 소개받았다. 그 선배는 자신의 회사 동료에게 좋은 보험 상품이 있어 소개하러 오는 것이니 아무런 부담 없이 A를 잠깐만 만나달라고 부탁했다.

회사 접견실에서 예비 고객을 만난 자리. 선배에게 혹여 폐를 끼치는 것은 아닐까 하는 걱정에 A는 마음이 급해졌다. 빠른 시간 안에 설명을 끝내려 잠시 인사를 나눈 뒤, 준비해 간 보험 상품을 설명하기 시작했다. 고객의 귀한 시간을 빼앗는 것이니 최대한 빨리 많은 설명을 해야만 했다.

동료의 부탁으로 나온 고객은 대놓고 이야기하지는 않았지만 그 자리가 상당히 불편한 것임엔 틀림없어 보였다. 고객의 표정을 보자 A는 좀 더 빨리 설명을 해서 마무리해야 한다고 생각하며 설명의 속도를 올렸다. 사실 그 고객의 불편한 표정을 알아차렸으면 상황이 달라졌을지 모른다. 잠깐 이야기한다고 했지만, 모든 설명을 마치고 보니 어느새 40분이 훌쩍 넘어가고 있었다. 고객은 설명이 끝났다는 말을 듣자마자, 회의가 있다며 서둘러 자리를 떠났다.

A는 그 고객에게 보험 상품을 팔았을까? 그 회사 누구에게도 보험 상품을 팔 수 없었다. 무엇이 잘못된 것일까?

고객 입장에서 생각해보자. 도대체 내가 어떤 사람이고, 지금 무엇이 필요한지, 미래에 대해서 어떤 것을 생각하고 있는지, 자녀와 배우자는 있는지, 있다면 어떤 상황인지, 자금 사정은 어떤지…. 그 어떤 질문도 하지 않고 40분간 일방적으로 떠드는 사람에게 결코 미래 설계를 맡기고 싶지는 않았을 것이다. A는 내 앞에 앉아 있는 고객에 대해 어떤 호기심이나 관심도 표명하지 않았다. 정작 고객이 필요한 것은 보험 정보가 아닌데 말이다.

당신은 지금 어떤 스타일로 사람을 만나고 있는가.

일을 열심히 하는 사람과 잘하는 사람은 분명한 차이가 있다. 일을 잘하는 사람은 같이 일하는 사람들의 마음을 사로잡고, 그들이 자발적으로 움직여 몰입하게 하면서 성과를 만들어 낸다. 열심히 하는 사람은 고군분투하면서 모든 짐을 자신의 어깨에 올려놓은 채, 하나부터 열까지 챙기기에 바쁘다. 같이 일하는 사람들은 그저 지시하는 일을 수동적으로 할 뿐이다.

내가 일을 잘하는 사람인지 그렇지 않은지는 같이 일하는 팀원들이 나와 얼마나 격의 없이 자신이 하고 싶은 말을 마음껏 할 수 있느냐로 알 수 있다.

정말 하고 싶은 말은 그 사람 마음속에 있다. 그 마음을 열게 하는 첫 번째 관문은 질문이 아니다. 잘 들어주는 것이다. 그리고 들은 이야기 중에서 핵심이 되는 단어를 되물어 봐주면서 그 의미를 살펴보게 하는 것이 두 번째 관문이다.

때문에 잘 들어주지 않으면 그 사람의 마음을 두드릴 수 있는 질문을 할 수 없게 된다. 그 사람의 마음을 움직이는 강력한 질문을 하고 싶은가? 영감을 올리고 싶은가? 그렇다면 먼저 잘 들어주는 것부터 실천해보자.

"지금 그 말은 어떤 의미인가요?"

가끔 국회 장면을 TV에서 볼 때면 가슴이 답답하다. 자신의 입장만 이야기할 뿐, 서로 전혀 들어주지 않는다. 핏대를 높이면서 내 말만 하기 바쁘다. 청문회에서도 마찬가지다. 청문회를 왜 여는가? 국가 기관에서 입법이나 행정상의 결정을 내리기에 앞서 한 이슈에 대해서 이해관계자들의 의견을 듣는 자리다. 국회의원들은 하늘 아래 둘도 없는 질문을 하는 듯하지만, 답변하는 사람을 무슨 죄인 다루듯 소리를 질러댈 뿐이다. 무슨 이야기를 해도 듣지를 않는다. 일단 부정부터 하고 본다. 대상자가 애매하게 말하거나 거짓으로 답변할 때도 많지만 말이다.

질문을 하는 사람이 해야 하는 것은 질타나 반박이 아니다. 거짓에 빠져 자신의 논리와 주장을 고집하는 상대를 옭아매는 대화법이 필요하다. 상대가 말하는 내용 중, 핵심 단어의 의미를 다시 물어보면 좀 더 본질에 가까운 이야기를 하게 된다.

협상할 때도 마찬가지다. 각자 원하는 것만 이야기하다 보면 진전이 있을 리 만무하다. 상대가 말도 안 되는 억지를 부리는 경우에도 그 사람을 이기는 비결은 잘 들어주는 데 있다.

"왜 그래야 하는데?"라고 반문하는 사람도 있을 것이다. 상대가 하는 말의 핵심을 알아차리고 그 의미를 물어보게 되면, 판단이나 조작의 과정을 거치지 않고 진실된 이야기를 들을 수 있게 된다. 되돌아온 질문에 답변하면서 '내가 엉뚱한 이야기를 하고 있구나!' 또는 '이야기의 핵심을 놓쳤구나!'라고 자각하게 된다. 때문에 먼저 상대의 말을 잘 듣고, 그 사람이 말한 단어를 연결해서 질문해야 한다. 그래야 얻을 것이 많아진다. 대화의 장에서 말을 많이 하면 유리할 거라 생각하지만, 그렇지 않다. 상대가 말을 많이 하도록 만드는 사람이 결국에는 승자가 된다.

상대가 말한 내용을 되물어 확인하거나 의미를 묻지 않고 서로 자기 이야기만 하게 되면 갑론을박만 하다가 결국 신경전으로 가기 쉽다. 원하는 대로 대화가 흘러가지 않으면 자신도 모르게 화가 치밀기도 하고 상대의 말을 액면 그대로 듣기 힘들어진다. 때로 가까스로 눌렀던 감정이 폭발하기도 한다.

서로를 연결하는 고리를 찾아서 마음의 지지대를 구축하고 싶은가? 그렇다면 일단 잘 듣는 것이 먼저다. 그다음 상대가 말한 핵심 단어의 의미를 물어 스스로 본질을 보게 해야 한다.

꾹 다문 입을 열게 만드는 3단계 경청

대화를 하건 회의나 면담을 하건 우리는 그 시간의 부가가치를 고려해야 한다. '주어진 시간을 얼마나 잘 사용하는가'가 그 조직의 생산성과도 직결된다. 잘 사용한다는 것은 어떤 의미일까? 본연의 목적에 맞게 원활한 대화를 통해 핵심 이슈의 실마리를 찾는 것이다.

같은 공간에서 대화를 하지만, 물과 기름처럼 전혀 섞이지 않는 팽팽한 줄다리기를 하는 경우가 많다. 상하관계에서는 그나마 위계가 있기에 어느 한 쪽이 참아 넘기게 된다. 그 사람이 상사건 부하건 일단 한 걸음 뒤로 물러나서 위기 상황으로 치닫는 것을 차단한다.

그러나 이것이 과연 잘하는 것일까? 전혀 아니다. 부부 싸움을 하는 부부가 그렇지 않은 부부보다 이혼할 확률이 낮다고 한다. 왜 그럴까? 싸움을 통해 비록 감정이 섞인 대화이지만, 자신의 마음을 어떤 형태로든 표현했기 때문이다.

가정에서도 마찬가지이다. 아이들이 입을 다물면, 부모들은 "뭐가 그리 불만이길래 말을 하지 않느냐"라며 채근하게 된다.

더 깊은 대화로 상대의 마음을 열게 하고 싶다면 대화의 패러다임을 바꾸어야 한다. 계속 강조하지만 일단 잘 듣는 것이 먼저다. 듣는 것이 너무도 중요한데, 우리가 잘 듣지 못하기에, 백 번을 강조해도 부족하지 않다.

이제부터 잘 들을 준비가 되었는가? 정말 해석 없이 있는 그대로 집중해서 잘 들으면 호기심을 자극하는 내용을 만나게 된다. 그 순간 그 핵심 내용을 되물어보거나, 그것의 의미를 물어보자.

"지금 그 말은 어떤 의미인가요?"

보통 이 질문을 받으면 내심 당황하게 된다. 바로 그때부터 상대는 경청의 시그널을 전달받으면서 뇌 작동이 활발해진다. 의미를 묻는 그 질문에 대한 답을 하기 위해 좀 더 깊이 들어가서 내면의 이야기, 본질에 대한 이야기를 끌고 나오기 때문이다.

그동안 많은 리더들이 직간접적으로 효과를 본 3단계 경청을 소개한다. 부디 자신의 것으로 만들어보면 좋겠다. 해보면 알게 된다. 이 3단계 경청이 어떤 기적을 가져오는지.

- 1단계 경청 : 상대가 하는 이야기를 잘 듣고 그 사람이 말하는 핵심 단어를 마치 복사하듯이 그대로 되묻는다.

- 2단계 경청 : 되물은 질문에 상대방이 답을 하면, 이번에도 집중해서 듣고 다시 한 번 핵심을 짚어서 되물어준다.

- 3단계 경청 : 이 단계가 매우 중요하다. 그 사람이 하는 이야기를 타고 들어가면서 강조하는 단어의 의미를 묻는다. "지금 말씀하신 것의 의미는 어떤 건가요?" 이 질문이 본질로 직결되는 관문이 된다. 3단계 경청으로 매번 지루하게 반복되는 회의, 핵심을 건드리지 못하는 대화에서 벗어날 수 있다.

신입사원 A는 출근하는 게 너무 싫다. 취업을 준비하며 스타트업 기업에 가려고 했지만 부모님과 주변 사람들이 대기업 근무를 강력히 권유해서 엄청난 경쟁률을 뚫고 입사를 했다. 처음에는 너무 좋았다. 운동시설, 힐링 센터, 카페테리아, 중소기업에 취업한 친구들과 비교해 월등하게 높은 연봉 등 신세계를 만나는 느낌이었다. 내심 대기업에 들어오길 잘 했다는 생각도 하면서 말이다. 그런데 딱 1년이 지나고 보니, 후회가 밀려온다. 같이 일하는 선배나 상사를 만나면 눈을 맞추기도 싫다. 입사 초반에는 회의 시간에 신나서 많은 제안도 내고, 새로운 아이디어를 내보기도 했다.

그러나 그때마다 무시당한다는 느낌이 들었다. 새로운 의견을 내면 상사들은 깔아뭉개기 일쑤였고, 확실한 데이터를 조사해서 다시 보고하라는 영혼 없는 피드백만 주었다. 계속해서 이런 일이 반복되다 보니, 업무에 몰입하기도 힘든 상황이 되었다.

이런 A씨를 면담해야 하는 상사라고 생각해보자. 어떻게 접근해야 할까?

"A씨, 입사 2년 차인데, 회사 생활은 어떤가요?"

"뭐 그냥 그런데요. 근데 왜 물어보시는 거죠?"

"요즘 A씨가 힘들어하는 것 같아서, 왜 그런가 하고 궁금해서요."

"저 힘들지 않은데요."

"아 그래. 그럼 다행이고."

"그럼 이제 가도 되나요?"

"어, 그러지."

면담 실패다.

같은 내용을 가지고 3단계 경청으로 풀어보자.

"A씨. 입사 2년 차인데, 회사 생활은 어떤가요?"

"뭐 그냥 그런데요. 근데 왜 물어보시는 거죠?"

"그냥 그렇다는 거네요." 1단계 경청이다.

"처음에는 뭔가 해볼 수 있겠다 싶었는데, 계속 시간이 흐르면서 제가 있을 곳이 아니라는 생각이 들었습니다. 제가 신세대여서 그런지, 선배님들이 구세대여서 그런지, 코드를 맞추기가 너무 힘듭니다."

"선배들과 코드 맞추기가 힘들다는 거네요?" 2단계 경청이다.

"네, 저도 뭔가 역할을 할 수 있을 거 같아서 제안도 하고 아이디어도 내는데, 하나도 받아들여지지 않아요. 자질구레한 일만 시키고, 제가 이렇게 지내려고 이 회사에 온 것은 아니거든요. 굉장히 불쾌하고 속상합니다."

"회사에서 역할을 제대로 하고 싶은데 그렇지 않아서 불쾌하고 속상하다는 거네요. 충분히 그럴 수 있을 것 같아요." 상대에게서 어느 정도 긍정의 표정이 감지되면 3단계로 넘어간다.

"A씨가 회사에서 역할을 하고 싶다는 것은 어떤 의미인가요?" 이때부터 1, 2단계 경청 상황과는 다르게 깊은 이야기를 쏟아내게 된다.

"저는 회사에 오면 할 일이 많을 줄 알았습니다. 입사 교육할 때, 정말 잘 들어왔구나 하는 생각도 했고요. 신입이어도 과제를 주면 한번 해볼 수 있는데, 항상 보조 업무만 주어져요. 그것도 선배님들이 바쁘면, 정말 꾸어다 놓은 보릿자루처럼 앉아 있다가 퇴근하곤 했습니다. 저는 의미 있는 일도 해보고 싶고 회사에서 재미도 느끼고 싶은데, 전혀 그런 시스템이 아니더라고요. 제가 선택을 잘못한 것 같습니다. 제가 기여할 수 있는 그런 일을 하고 싶습니다. 그냥 놀러 온 것은 아니거든요." 여기까지 이야기를 끌어냈다면 면담은 성공이다.

들어준다는 것은 강력한 질문을 만들어내는 기초공사다. 일단 들어주는 것만으로도 상대를 감동시킬 수 있다. 강력한 질문은 상대의 말속에 있다. 몇 단계의 경청을 해주는가에 따라 마음을 여는 수준이 달라진다.

3단계 경청의 효과는 다음과 같다.

- 존중받고 있다는 느낌을 받는다.
- 말하는 사람은 자신이 무슨 이야기를 하고 있는지 자각하게 된다.
- 들어주는 상대에게 호의를 가지게 된다.
- 되물어 오는 질문에 답을 하면서 스스로 답을 찾아간다.
- 새로운 관점을 찾게 되고, 스스로를 객관화할 수 있다.
- 질문에 답을 하면서 복잡한 마음이 정리되고, 마음의 여백도 생긴다.
- 대화를 세련되게 흘러가게 할 수 있다.
- 지혜를 더하면서 성찰과 통찰의 순간도 경험할 수 있다.

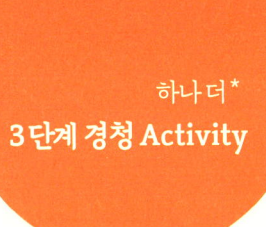

하나더*
3단계 경청 Activity

"입을 열었다는 것은 마음이 열렸다는 뜻이다"

3단계 경청을 연습해보자.

1단계는 키워드를 되묻는 것이다.

2단계는 1단계 반응을 들어주면서 다시 한 번 키워드를 되묻는 것이다.

3단계는 대화중에 강조하는 핵심 단어나 내용의 의미를 물어봐 주는 것이다.

상황		
회사에서 많은 성과를 내고 있는 D과장은 요즘 이유 없이 불안감이 올라온다. 선배와 대화를 나누면서 자신이 괜스레 불안하고 걱정이 많다고 이야기했다.		
1단계 경청		

2단계 경청		
3단계 경청		

자신이 작성한 내용과 비교해보자.		
1단계 경청	요즘 괜스레 불안하고 걱정스럽다는 거네?	네 뭔지 모르겠는데, 지금 성과도 좋은데 자꾸 불안하고 회사에서 롱런할 수 있을까 걱정이 됩니다.
2단계 경청	회사에서 롱런할 수 있을지 고민인 거네?	네 맞아요. 열심히 해 왔는데 생각해보니, 저만의 차별화된 경쟁력이 없는 것 같아요.
3단계 경청	차별화된 경쟁력, 그게 어떤 의미지?	음, 제가 이 회사에서 롱런을 하건 개인 사업을 하건 나만의 핵심 경쟁 요소가 있어야 할 텐데, 그런 것이 없는 것 같아 고민입니다.

리더의 자존감이
조직의 자존감이다

OECD 국가 중, 우리나라 자살률은 2003년 이후 부동의 1위를 차지하고 있다. 2017년 2위로 내려간 것은 자살률이 높았던 리투아니아가 OECD 국가에 가입했기 때문인데, 2018년 자살률 1위라는 불명예를 다시 안게 되었다.

특히 청소년과 노인 자살률은 매우 심각하다. 여러 이유가 있겠지만 극단적인 선택을 하는 사람들은 자신의 존재를 있는 그대로 인정하지 않고, 스스로 무능하고 한심하고 쓸모없다고 느끼는 자괴감에 빠져있는 경우가 많다. 한편 직장에서 과도한 스트레스를 받는 상황에서 극단적 선택을 한 경우를 업무상 재해로 본다는 판례도 나오고 있다.

자괴감의 상대 개념은 자존감이다. 스스로를 사랑하고 존중하면서 뭐든 잘 할 수 있다고 느끼는 자기 효능감 Self Esteem이다. 이 자존감은 리더십과 상관관계가 매우 높다는 연구결과도 있다. 자존감이 낮으면 자신의 역량을 믿는 자신감이 부족하여 매사 타인의 시선을 의식하며 조직을 이끄는 데 어려움을 겪을 수 있다. 반면, 자존감이 높은 사람은 자신을 믿고 용기를 내서 팀원들과 더 많은 도전과 성공을 만들어낼 수 있다.

1초 불청의 대가

"회사에서 개인의 자존감까지 높여주어야 하냐"라며 볼멘소리를 할 수도 있다. 다시 한번 강조하지만 회사가 그리고 리더가 팀원들의 자존감을 관리해 주어야 하는 것이 맞다. 이 자존감이 개인과 회사의 성과에 지대한 영향을 미치기 때문이다.

자존감을 관리해 준다고 하니, 매우 거창한 작업을 해야 하는 것으로 오해할 수 있지만 꼭 그렇지는 않다. 팀원들의 자존감을 관리하기 위해서는 먼저 리더 자신의 자존감 상태를 점검하고 성찰해 봐야 한다. 리더의 자존감은 그대로 조직의 자존감으로 전이되니 말이다. 자존감이 높으면 자연스럽게 팀원들에게도 긍정의 에너지가 전달되지만, 반대인 경우에는 조직 전체가 자칫 우울 모드로 빠지게 될 수도 있다.

집에서도 마찬가지다. 부모의 자존감은 그대로 자녀에게 대물림된다. 누군가의 자존감을 높여주기 위해서는 그 사람을 사랑하고 존중하는 마음으로 잘 들어주고, 존재 자체를 그대로 인정해 주어야 한다.

자존감과 자존심은 다른 개념이다. 자존심은 다른 사람과 비교해서 우월함을 느끼는 것으로 자존심이 높으면 상대에게 불편한 상황을 만들어 줄 수 있다. 그러나 자존감은 자신을 사랑하고 존중하는 마음이 바탕이 된다. 때문에 자존감이 높은 사람은 타인에게도 사랑과 존중의 마음을 전하게 되는 것이다.

I그룹 R부장은 해외 사업을 주로 담당해 왔다. 내향적인 성격이라 카리스마 있게 조직을 이끄는 편은 아니다. 스스로도 자신이 답답할 때가 있다. 다른 부장이 말도 안 되는 주장을 하는데도 반론을 하지 않고 일단 수용하고 본다. 같이 일하는 차장은 속이 터진다.

그런 R부장에게는 말 못 할 사연이 있다. 해외 주재원 시절 한국에서 손님이 오면 의전을 많이 했었다. 현지 사정을 조금 이해하는 정도로 현지 언어는 익숙하지 않은 시절이었다. 당시 대리였던 R부장이 한국에서 해외 사업 검토를 위해 출장 온 사람들의 안내 및 의전을 맡았는데, 현지 업체와 미팅을 하는 자리에서 사달이 났다. S부장이 R대리에게 이 업체에 대해서 브리핑을 해달라고 한 것이다. 전혀 준비를 하지 않았기에 당황해하는 R대리에게 그 사람들 많은 곳에서 S부장은 이렇게 쏘아붙였다.

"도대체 자네는 뭘 하는 사람인가? 미팅할 업체 조사하고 협의할 내용을 미리 준비하는 게 기본 아닌가? 의전만 하라고 주재원으로 내보낸 건 아니지. 앞으로 똑바로 하게나."

그는 너무 충격을 받아 한동안 일을 할 수 없을 정도였다. 많은 사람들 앞에서 무안과 창피를 당했던 그 장면이 지금도 사람을 만나거나 미팅을 할 때 불현듯 올라오기도 하고, 자신의 입장을 말해야 하는 순간에는 더욱더 그 사건이 떠올라 괴롭기까지 하다.

그 사건 후, 매사에 소심해지고, 더욱 위축되었다. 내색은 하지 않았지만 내심 불안하고, 자기주장을 펴는 것이 어려워 항상 중간자적 입장만 보였던 것이다.

R부장은 리더십 교육 프로그램에서 자존감 진단을 하게 되었다. 100점 만점에 55점으로 나왔다. 55점이란 점수를 받아든 R부장은 그때야 자신을 돌아보기 시작했다. 낮은 자존감의 출발이 해외 주재원으로 근무하던 그 시절 그 사건에서 비롯되었다는 사실도 알게 되었다. 리더의 자존감이 그 부서의 자존감이 된다는 말을 듣고 함께 일하는 팀원들에게도 미안한 마음이 들었다.

그동안 그는 회피하려고만 했다. 내면의 상처가 터지지 않게 눌러 놓으면 된다고 생각했다. 그 생각이 매우 잘못된 판단이었음을 뒤늦게야 알게 된 것이다.

무엇부터 해야 할까? 그 원인을 알았으니, 이제 자존감을 끌어올리는 노력을 해야 한다. R부장은 솔직히 마음을 열어본다는 것, 그리고 숨겨놓은 상처들을 다시금 기억에 올려야 한다는 것에 선뜻 내키지 않았지만 그대로 방치해두면 앞으로 자존감은 더 떨어지게 된다는 말에 용기를 내기로 했다. 무엇보다 자존감은 자식에게 대물림 될 수도 있고, 팀원들에게 전이될 수 있다는 말에 큰 충격을 받았다.

그동안 자신을 사랑하고 존중해 주거나 돌보지 않고 무시하며 살아왔다는 반성이 들었다. 이제는 의도적으로 자신을 사랑하고 존중해 주겠다고 다짐을 했다. 그 시작이 자신의 마음을 들어주는 것, 내면의 목소리에 귀를 기울이는 것이라는 점도 알게 되었다.

그리고 또 하나, 타인의 인정을 바랄 것이 아니라 스스로가 자신을 인정하고 칭찬해 주어야 함도 자각하게 되었다.

"현명하고 배려심이 큰 R부장. 잘하고 있다. 파이팅!"

처음엔 쑥스럽고 어색했지만, 그동안 혹독하게 자신을 평가 절하한 것에 대한 벌칙이라고 생각하면서 스스로를 격려해 주고 있다. 놀라운 것은 이렇게 스스로 칭찬을 해주니 아주 조금씩 자신감 또한 올라오는 것을 느끼고 있다는 점이다.

자존감을 올려주는 것도 낮추는 것도 경청에 달려 있다. 스스로에 대해서도 마찬가지다. 내가 내 마음의 이야기를 잘 들어주지 않으면 내 마음도 나한테 삐친다. 상대가 자신의 마음을 진심을 다해서 들어준다는 것을 느낄 때, 자긍심과 자신감이 올라가면서 자존감에 긍정적인 영향을 미친다. 반대로 누군가 내 말을 건성으로 듣거나, 대화하는 장면에서 수치심이나 모멸감을 느끼는 순간에 맞닥뜨렸는데, 그것을 해소하지 않고 무조건적으로 참아가면서 눌러버리면 그 작은 상처가 열등감, 우울감, 자괴감으로까지 진행될 수 있다.

만약 당신이 사람을 움직여서 지속 가능한 성과를 만들어내야 하는 위치에 있다면 먼저 함께 일하는 그 사람부터 잘 관리해야 한다. 사람을 잘 관리하는 것의 시작은 진심을 다해 들어주는 것이다. 상대가 느낄 정도로 잘 들어주어야 한다. 상대가 느낄 수 있는 수준의 경청이 그 사람의 자존감에 긍정의 궤도를 그리게 된다. 그렇게 높아진 자존감은 조직 성과로 직결된다. '제대로 잘 들어주는 것'만으로도 리더십의 완성도가 높아진다는 점을 다시 한번 강조하고 싶다.

나는 잘하고 있다는 바로 그 생각

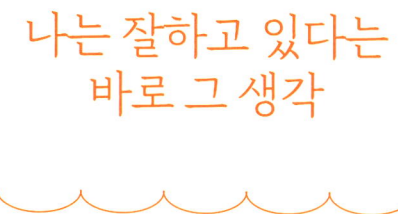

'사람의 마음을 사라'라는 말이 있다. 내가 어떤 목적한 바를 이루는데 결정적인 역할을 할 사람을 내 편으로 만들라는 이야기이다. 우리는 많은 사람들을 내 편으로 만들기 위해 열심히 이야기를 건넨다. 그런데 이야기를 하면 할수록 내 편에서 자꾸 멀어져 간다는 것을 느낄 때가 있다.

대부분의 사람들은 말하고 싶어 하기에 거꾸로 누군가가 내 이야기를 들어주면 자기도 모르는 사이에 술술 자신의 이야기를 풀어내게 된다. 이야기를 하면서 생각을 정리한다. 또 말하는 자신을 보면서 지금의 상황을 더 객관적으로 인식하게 된다.

그러나 말을 할 수 있는 기회가 주어지지 않으면 답답한 마음이 올라오고, 상대의 말에 집중할 수 없게 된다.

함께 일하는 사람들의 마음을 움직이고 싶은가? 협상에서 이기고 싶은가? 영업을 잘 하고 싶은가? 가족의 마음을 알고 싶은가?

그렇다면 수려하고 유창한 언어로 설득하려는 마음부터 싹 접어두자. 그들이 말을 하고 싶을 만한 씨앗을 찾아보자. 그 씨앗은 마음만 먹는다고 만들어지지 않는다. 아주 작지만 상대가 인지할 수 있는 행동으로 보여주어야 한다.

대형 회계법인의 A임원은 일정 규모의 매출과 손익을 책임져야 한다. 때문에 프로젝트 수주뿐만 아니라, 조직이나 인사관리 등의 업무도 해야 한다. 회사들이 다 그렇지만 특히나 회계법인 사람들은 초단위로 시간을 쪼개서 일한다. 워낙 바쁘게 돌아가는 프로젝트가 많고 고객사들의 요구도 다양하기 때문에 철저한 시간관리가 생명이다.

이런 상황에서 A임원은 팀원들과 대화를 해야 한다고 항상 생각하지만, 무엇보다 시간을 아껴주는 것이 상책이라고 여긴다. 때문에 효율적 시간관리를 위해 일방적 지시를 선호한다. 팀원들도 핵심 내용만 전달하고 시간을 뺏지 않으니 자신을 좋아한다고 자부하고 있었다.

비즈니스 코칭 자리에서 "그래도 가끔은 팀원들의 마음을 보듬어 주어야 하지 않을까요?"라는 코치의 물음에 그는 이렇게 말했다.

"코치님은 회계법인이 어떤 곳인지 몰라서 그런 말씀을 쉽게 하실 수 있는 겁니다. 대화를 나누는 것보다 일을 빨리 끝내도록 배려해 주는 것이 바로 그들이 원하는 겁니다. 다들 지쳐 나가떨어질 때, 정말 한마디 위로를 해줄까 하다가도 그 또한 부담을 줄까 싶어 접습니다."

어떤 것이 정답일까? 상황에 따라 다를 수는 있지만, 코치는 "오히려 팀원들이 입을 열어 마음 속 이야기를 털어놓게 된다면 일에 더 몰입하면서 큰 성과 또한 낼 수 있지 않을까?"라는 의견을 조심스럽게 제시했다.

얼마 뒤, 그가 코치에게 연락을 했다. 프로젝트가 끝나지도 않은 상황인데 동시에 팀원 4명이 다른 회계법인으로 이직하겠다는 통보를 받았다고 했다. 면담을 했지만 이미 그들의 마음은 떠난 상황인데, 생각지도 못한 이야기를 들었다고 했다.

"우리는 영혼 없이 살아가는 로봇 군단 같다. 소소한 대화도 없고, 시키는 일 열심히 해서 결과물을 내면 휙 낚아채 가듯이 가져가서 어떻게 활용되었는지 아무런 피드백도 없었다. 똑같은 일상이 반복되면서 발전하고 성장한다는 느낌도 전혀 없었다. 한 번도 마음을 터놓고 이야기해 본 적이 없었던 것 같다. 다들 바쁘지만 그래도 사람이 일하는 건데, 일이 힘든 것보다 매일 침묵하며 기계처럼 일하는 것이 정말 견디기 힘들었다."

날벼락 같은 이야기였다. 자신은 팀원들의 시간을 아껴주기 위해서 일부러 배려한 것인데, 마음을 몰라주니 너무 섭섭하다. 그리고 그렇게 느낀다면 평소에 이야기해 줘야 하는 거 아닌가.

하지만, 냉정하게 말해 이 모든 것은 리더의 몫이다. 팀원들이 마음을 터놓고 이야기할 수 있는 장을 마련했어야 했다. 특히 대화의 시간을 할애하지 않는 이유가 그들의 시간을 배려하기 위함이었다는 이야기를 하면서 먼저 의견을 물어봐야 했다.

결국 '시간을 빼앗으면 안 된다'라는 혼자만의 생각과 배려가 이런 부정적 결과를 가져온 것이다. 그는 늦었지만 프로젝트 관리 못지않게 팀원들의 마음을 들어주고 마음을 열게 하는 것 또한 매우 중요하다는 것을 깨달았다.

상대도 그렇게 느낄까?

의식적이고 의도적으로 상대가 말을 할 수 있도록 해야 한다. "작정하고 말을 안 하려고 하는데 어떻게 말을 하게 만드냐"라며 묻는 이들도 많다. 정말 그들이 말을 하게 만들고 싶은가? 그렇다면 딱 한 가지만 실천해보자.

그것은 바로 '잘 들어주기'이다. 잘 들어주는 일이 마음처럼 그렇게 쉬운 것은 아니다. 예를 들어 팀원이 장황하게 보고를 한다고 치자. 중간에 끊어버리고 싶지만, 상처가 될까 싶어 꾹꾹 참고 들어준다. 끊어버리고 싶은 마음이 든 순간, 이미 '잘 들어주기'는 물 건너 간 것이다. 이 상태에서 마지못해 듣는 척을 하면 단순한 불만을 넘어 리더에 대한 불신으로까지 확대될 수도 있다.

때문에 팀원과 대화를 할 때, 잘 듣고 핵심을 되물어 봐주는 것이 중요하다.

다음은 팀원과의 이상적인 대화 상황이다.

팀원 : 이번에 고객사에서 무리한 요구를 해왔습니다. 제가 안 된다고 이야기를 했는데도 자꾸 상무님을 만나서 이야기를 해보고 싶다고 합니다. 굳이 만나실 필요는 없는데 아마 전화가 올 것 같습니다. 그 고객사는 비중이 큰 회사라서 신경은 써야 하는데, 항상 요구하는 게 많습니다. (팀원이 핵심이 없는 보고를 계속할 때, 가지치기를 하는 방법은 들은 핵심 단어를 다시 되물어봐 주는 것이다.)

임원 : 중요한 고객사라 신경을 써야 한다는 건가?

팀원 : 맞습니다. 사실은 상무님 시간이 되실 때 한번 만나주시면 영업에 많은 도움이 될 것 같습니다. 연공서열을 중시하는

스타일이라서 실무 팀장보다 상위 임원을 만나고 싶어 합니다.

임원 : 결국에는 내가 만나면 좋겠다는 거네?

팀원 : 네. 그래 주시면 좋은데, 괜히 불편을 드리는 것 같아서 말씀드리지 못했습니다. 상무님께서 만나주신다면, 좀 더 공격적인 영업 제안서를 만들어 보겠습니다. 감사합니다.

기업마다 창의경영이 화두다. 창의적 인재를 육성하기 위해 많은 교육비를 투자하고, 프로그램을 도입하지만 창의적 조직문화는 좀처럼 만들어지지 않고 있다. 왜 그렇다고 보는가?

창의경영은 결국 다양한 의견이 발의되고, 그 의견을 받아 다시 토론하면서 새로운 관점으로 솔루션을 펼쳐 놓을 수 있어야 가능하다.

그런데 우리는 말하는 것에 매우 인색하다. 아니, 어쩌면 인색한 것이 아닐지 모른다. 말할 기회를 주지 않아서일 수도 있다. 여기에서 말할 기회란, 하고 싶은 말을 할 수 있는 환경을 말한다.

창의경영을 제대로 하고 싶은가? 그렇다면 누구든 편안하게 말을 할 수 있는 분위기를 만드는 것이 급선무다.

말을 하게 하려면 '잘 들어주기'를 먼저 해주어야 한다. 들어주기를 하면서 그들의 말속에서 더 많은 말을 끄집어낼 질문거리를 찾아 '되물어봐 주기'를 해주면 금상첨화다.

그런데 우리는 이러한 과정을 비효율이라고 생각한다. 지금 당장 풀어야 할 과제가 많은데 도대체 언제까지 들어주고, 또 질문하냐는 것이다. 지시하고 챙겨서 일을 빨리 끝내는 것이 효율이라고 생각한다.

분명한 사실은 이러한 방식이 단기적으로는 성과로 연결될지 모르지만, 장기적 관점이나 창의경영과는 계속 멀어져 간다는 것이다. 팀원들은 마음을 담아 일하기보다는 피상적이고 수동적으로 일하게 된다.

잘 들어주고 되물어봐 주기. 우리는 이 두 가지 모두 잘하고 있다고 생각할 수 있다. 그러나 상대도 그렇게 느낄까? 나 혼자서 잘하고 있다고 믿는 편향적 판단은 위험하다. 경청이든 질문이든 상대가 신나서 반응하게 하는가 여부가 핵심이다. 신나게 반응하게 하려면 의도적으로 잘 들어주고, 그 과정에서 느껴지는 핵심을 되물어봐 주어야 함을 잊지 말자.

표현되어
보이는 것이 다

사티아 나델라Satya Nadella는 클라우드 퍼스트, 모바일 퍼스트 전략으로 윈도우 사업의 한계로 성장이 멈췄던 마이크로소프트를 다시 일으켜 세운 CEO다. 빌 게이츠Bill Gates, 스티브 발머Steve Ballmer의 뒤를 이어 2014년 2월 마이크로소프트 CEO가 된 그는 2018년에 애플을 따라잡고 8년 만에 시가총액 1위 기업의 자리를 다시 차지하게 만든다. 그는 취임 후 조직 내 불화를 없애는 것에 집중하면서 조직문화 혁신에도 힘을 쏟았다. 취임하자마자 임원들에게 마셜 로젠버그Marshall Rosenberg의 『비폭력 대화Nonviolent Communication』를 읽게 했다. 소통과 협력을 강조하고 또 솔선수범한 리더로 유명한 그는 마이크로소프트 제품에 공감Empathy이라는 가치를 심으려 노력했다. 단순하게 개인의 삶이나 기업의 문화를 바꾸는 것에 그치지 않고 공감으로 이 사회까지도 변화시킬 수 있다고 말하며 영혼을 뒤흔드는 특별한 영감은 공감으로부터 시작된다는 것을 강조했다. 때문에 공감 능력이 리더의 가장 중요한 덕목이고, 그것이 팀원들의 자신감을 키우는 원동력이 된다는 것이다. 그는 경청이야말로 리더가 매일 실천해야 하는 중요한 과제라고 강조하면서 솔선수범의 자세로 그 경청 리더십을 몸소 실천한 것으로 유명하다.

마음은 그렇지 않은데

K그룹에서 마케팅 업무를 담당하고 있는 P부장. 사내 소통 강사로도 활약하는 바로 밑 A차장이 아래 팀원의 소원수리를 해달라고 찾아왔다. 올해 초부터 프로모션 업무를 담당하는 입사 4년 차 H사원이 P부장에게 직접 보고를 해 오고 있는데, 보고할 때마다 위축되고 긴장이 된다는 것이다. 가끔 머릿속이 하얘질 정도의 심적 고통을 받고 있으니 공감도 해주고 인정 칭찬도 해달라는 요청이다.

P부장의 반응에 따라서 H사원의 마음에서는 어떤 감정들이 오가는지 살펴보자.

H사원의 보고 : "부장님, 이번 프로모션 기획안을 보고드리겠습니다. 오프라인 매장의 매출이 심하게 꺾이고 있고 그나마 온라인 매출이 받쳐주고 있는 상황입니다. 그래서 다음 분기에는 온라인 쪽으로 마케팅 자원을 집중해서 진행하려는 방안을 고민해 봤습니다."

P부장의 반응 1 : "어 그래. 그렇게 해보지 뭐."

H사원의 속마음 : 뭐가 그렇고 뭘 그렇게 해보라는 것인가? 도대체 내 이야기를 들은 거 맞아? 분명히 나중에 다른 이야기하실 게 뻔하다니까. (구체적인 이야기를 들어보지도 않고 영혼 없이 반응하는 부장님, 야속하고 섭섭하다. 일하고 싶은 마음이 뚝 떨어진다.)

P부장의 반응 2 : "그게 가능하겠어? 그냥 기존대로 오프라인에 집중하도록 하지."

H사원의 속마음 : 왜 그렇게 생각을 했는지, 근거는 무엇인지, 온라인 마케팅이라는 것이 어떤 것인지 호기심이 마구 올라와야 하는 것 아닌가? (무시당했다는 기분이 들면서 의욕도 사라진다. 부장에게 더 이상 기대하지 말자고 다짐하면서 마음을 접어 버리게 된다.)

P부장의 반응 3 : "무슨 말이지?"

H사원의 속마음 : 알아들으시는 듯 고개도 끄덕이고 관심도 가져 주시는 모습이었는데, 무슨 말이냐고 물으시면 저는 어쩌란 말입니까? 같은 공간에서 대화를 하고 있는데, 아마도 부장님의

마음은 어딘가로 출장을 다녀오셨나 보다. 10분도 집중해 주지 않는 부장님을 믿고 가도 되는 걸까? (신뢰에 금이 가기 시작하면서 그 공간에 함께 존재하는 것조차 힘들게 느껴진다.)

오랜 시간 동안 P부장과 코드를 맞추어 일한 A차장은 그의 마음은 그렇지 않다는 것을 안다. 투박하게 이야기를 해도 진심이 있는 사람이다. 그런데 그걸 아는 이들은 몇 명 안 된다. A차장을 뺀 대부분의 사람들은 P부장의 리더십이 바람직하지 않다고 해석하고 있다.

당연하다. 표현되어 보이는 것이 다다. 마음속에 아무리 선한 의도, 훌륭한 리더십의 자원이 있어도 볼 수 없지 않은가! 그래도 A차장이 고맙다. 포기하지 않고 불편한 피드백도 해 주니 말이다. P부장은 A차장의 조언 이후에는 보고를 받거나 미팅을 할 때 정말 잘 들으려고 하고 공감해 주려고 노력한다. 그런데 상대는 전혀 그렇게 느끼지 않는다고 한다. 답답하고 힘이 빠져버린 P부장, A차장을 불러서 도대체 어떻게 듣고 어떻게 공감해야 직원들에게 마음을 보여줄 수 있는지 자문을 구했다.

다음은 A차장이 P부장에게 전한 몇 가지 조언이다.

첫째, 보고하러 들어오는 팀원을 무덤덤하게 대하지 마시고 반갑게 맞이해 주세요. (앉아서 무표정하게 계시니, 취조 받으러 들어가는 기분이랍니다.)

둘째, 일단 보고가 시작되면 다른 생각에 빠지지 마시고 집중해 주세요. (다른 생각하는 거 다 보입니다. 그 공간에 함께 한다는 것을 보여주셔야 해요.)

셋째, 보고하는 팀원 말에 맞장구를 쳐주세요. (중간중간 아무런 반응이 없으면 그때부터 말이 꼬입니다.)

넷째, 보고하는 사람의 기분도 살펴주세요. (감정을 알아봐 주는 게 공감입니다.)

다섯째, 보고 결론을 다시 한번 정리해서 확인 질문을 해주세요. (이것을 해주셔야 상대는 자신의 이야기를 잘 들어주고 있다고 생각하며 안심을 합니다.)

여섯째, 궁금한 내용도 물어봐 주시고요. (질문이 없다는 것은 호기심이 없다는 이야기 아닐까요.)

일곱째, 보고한 내용에 대해 팩트 기반의 인정, 칭찬도 해주세요. (수고했어, 고생했어, 잘했네 같은 두루뭉술한 인사치레는 더 이상 안 먹혀요.)

P부장은 A차장의 조언을 메모하면서 가슴이 답답해졌다. 아무

생각 없이 했던 그 행동들이 경청도 아니고, 공감은 더더욱 아니었다는 반성이 밀려 왔지만 어떻게 개선해 가야 할지 막막했다. 하지만 일단 하나씩 연습을 해 보기로 했다. 그리고 A차장에게 지속적으로 모니터링해 줄 것을 요청했다.

보고받은 내용 중, 핵심 내용을 되묻는 것을 의도적으로 시도해 봤는데, 보고하는 팀원들의 얼굴 표정이 살짝 밝아지는 순간을 보게 되었다.

우리에게 공감이라는 단어는 매우 어렵게 다가온다. 산업화 시대를 살아온 세대는 감정이라는 것을 의도적으로 표현하지 않고 살았다. 힘들 때, 힘들다고 이야기하는 것도 암묵적으로 금기시되었던 시절을 살아왔다.

그런데 지금에 와서 다시 공감을 하라고 하니, 정말 난감하다. 공감을 감정으로만 국한해서 보면 곤란하다. 또한 공감을 상대의 감정을 알아봐 주거나 측은지심을 갖고 그 사람을 동정 또는 연민하는 것으로 보는 것도 지엽적이다.

공감은 상대의 가치관과 그의 감정, 의견, 주장 등에 대해서 이해하고, 자기도 그렇다고 느끼거나 또 그렇게 느끼는 것을 말한다. 결국 공감도 들어주는 것에서 출발한다. 들은 내용 중에 그 사람의 생각이든, 감정이든, 주장이든 자신과 강하게 접촉된 것에 대해서 반응해 주는 것이다.

또한 공감을 위해서는 상대와 내가 같은 공간에서 서로 연결되고 있다는 것을 느낄 수 있어야 한다. 들은 내용에 대해 맞장구를 쳐주거나, 확인 질문을 하는 과정에서 연결된다.

한편 공감을 한다고 모든 것을 한꺼번에 풀어내는 것은 역효과가 날 수 있다. P부장처럼 아주 작은 행동 한 가지만이라도 지속적으로 해보면서 내 것으로 만드는 것이 중요하다. 하나의 작은 성공이 큰 공감의 무대로 당신을 인도하게 될 것이다.

'논컨택트Noncontact 시대', 사람의 마음을 얻는 커뮤니케이션이란?

2020년 전 세계를 공포와 혼란으로 떨게 만든 코로나19로 인해 우리는 이전에는 경험하지 못했던 일들을 겪고 있다. 사전 검토나 검증할 틈도 없이 논컨택트Noncontact 업무환경을 맞이해야 했다. 혼란이 가중될 것이라는 예상, 직원들이 일을 잘할 수 있을까 하는 우려, 지금까지 해보지 않은 이 시스템이 안전할까 하는 의구심까지 다양한 목소리가 우리를 불안하게 한 것도 사실이다. 그런데 막상 해보니, '그래도 할만하다. 의외로 집중을 하게 된다' 와 같은 긍정적 목소리들도 조심스럽게 나오고 있다.

　소셜 미디어 업체인 트위터Twitter의 CEO인 잭 도시Jack Dorsey는 2020년 5월 전 직원에게 이메일을 하나 보낸다. '우리 트위터는 코로나19의 팬데믹 상황을 맞아 지난 3월부터 재택근무를 빠르게 도입한 회사 중 하나다. 그러나 우리는 사무실로 복귀하는 첫 회사가 되지는 않을 것이다'.

코로나19의 유행이 사라지더라도 직무 성격이나 여건상 직원이 재택근무를 선택할 경우 이를 허용하겠다는 것이다. 두 달여간의 재택근무를 통해, 출근하지 않아도 업무 수행이 원활하다는 것을 확인한 데 따른 조처다.

우리나라 기업에서도 마찬가지 양상이다. 집체교육이 불가능해지자, 줌Zoom이나 웨벡스Webex 같은 화상회의 앱을 이용한 교육을 실시하는 등 교육 시스템을 빠르게 전환하고 있다. 회의나 면담 등도 전화나 화상회의로 전환되고 있다. 화상 기반의 활동들이 이제 우리의 일상이 되고 있고, 앞으로도 이러한 현상은 더욱 확산될 것이다.

느닷없이 시작된 논컨택트 환경. 우리에게는 어떤 변화가 필요할까? 익숙한 것을 선호하기에는 환경이 기다려 주지 않는다. 다시 예전으로 돌아가리란 생각은 불가능한 희망일지 모른다. 여기에서 중요한 것은 우리와 같이 일하는 구성원들은 논컨택트 업무환경에 매우 빠르게 적응하고 있고, 업무 생산성에서도 긍정적 결과를 보이고 있다는 점이다.

W홍보마케팅 회사 H대리는 말한다. "재택근무를 하면서 더

몰입하고 집중하게 되었어요. 아침에 출근 준비 하는 데 1시간, 회사까지 이동하는 데 1시간 이상을 썼고, 일이 몰릴 때는 새벽에 기진맥진한 상태로 옷만 갈아입고 바로 출근하는 날도 다반사였죠. 매일 3시간 이상을 길에서 허비한 셈인데, 그 시간이 줄어드니 일에 더 집중하게 되고, 컨디션도 좋아졌어요. 각자 광고주 업무를 책임지는 시스템이니 업무관리에도 큰 문제는 없어요. 일과 삶의 균형이 이런 거구나, 그런 생각이 들어서 좋아요."

이 회사 역시 코로나19로 얼떨결에 재택근무를 시작했지만, 앞으로도 계속해서 운영하겠다고 했다.

F그룹 HR 담당 K이사는 재택근무에 대해서 일단은 효과적이라고 말한다. 아직까지 불편하고 비효율적인 측면이 분명 있지만, 처음 시작할 때 우려했던 것보다는 훨씬 낫다는 판단이다. 사내 교육도 화상회의 앱으로 진행 중인데, 직원들이 의외로 집중을 잘하고 있어 앞으로의 효과도 기대된다고 말한다.

M기업 영업지원 담당 L부장은 이렇게 말한다. "거래처와의 접촉 빈도 등을 어떻게 확대할 것인가가 숙제로 남아 있기는 하지만, 재택근무는 이제 새로운 패러다임으로 자리 잡을 것이다." 그러면서 그는 "논컨택트 업무환경에서 리더들에게 가장 중요한 것은 커뮤니케이션 역량"이라고 강조했다. 전화나 화상회의 등 논컨택트 환경에서는 무엇보다도 리더의 의사전달력이 중요해진다는 것이

다. 그는 회의를 주관하는 리더의 커뮤니케이션 역량이 화상회의의 성패를 가늠한다고 말한다. 분명하고 깔끔하게 자신의 의사를 전달하고 명확하게 업무지시를 하는 리더는 참여자들을 집중하게 한다. 반면에 자기주장 능력과 경청능력이 약한 리더들이 주관하는 회의는 집중도가 낮아질 수밖에 없다는 것이다.

실제, 회의 때 리더의 메시지가 제대로 전달되지 않아 난항을 겪는 경우도 비일비재하다. 지금까지의 대면 회의에서는 회의를 주관하는 리더의 커뮤니케이션 스킬이 다소 부족하더라도 크게 문제되지 않을 수 있었다. 그것이 대면이 지니는 최대 장점이기도 하다. 하지만 논컨택트 회의에서는 사정이 다르다. 리더뿐 아니라 모두가 오롯이 자기 자신의 능력으로 메시지를 전달하고 커뮤니케이션 해야만 한다. 때문에 커뮤니케이션 역량과 그에 맞는 스킬이 부족한 리더는 앞으로 리더십을 발휘하는 데 상당한 어려움을 겪게 될 것이다. 논컨택트 시대, 무엇보다 커뮤니케이션 역량을 위한 특단의 노력이 필요하다.

화면 너머 있는 상대의 속마음

논컨택트 시대의 커뮤니케이션 역량을 어떻게 키울 수 있을까?

첫째, 자기주장 기술이 매우 중요하다. 자기주장 기술이란 말하고자 하는 사실, 그에 연결된 감정, 그리고 내가 원하는 것을 분명하게 말하는 것이다. 핵심은 군더더기 없이 깔끔하게 말하는 것. 이때 상대방이 잘 알아듣게 이야기하는 것이 매우 중요하다.

화상회의 때 리더가 이렇게 말한다.

"지난주부터 재택근무를 하고 있는데, 여러분들이 뭘 하고 있는지 확인하기 힘들어요. 내가 업무 지시한 내용에 대해서 아무도 중간보고를 하지 않고, 이러면 재택근무를 계속 유지하는 것이 어렵지 않나요? 여러분들이 잘해주었으면 해요."

팀원들은 핵심이 무엇인지 파악하기 어렵다. 리더가 말하고자 하는 핵심이 무엇인지 분명하지 않고 왠지 야단맞는 기분까지 든다. 무엇이 문제일까? 자기주장 기술을 적용하여 다시 말해보자.

"지난주부터 우리는 재택근무를 하고 있어요. 제가 지난주에 A 프로젝트와 관련하여 개인적으로 개선했으면 하는 내용을 보내 달라고 했는데, 아무도 답변하지 않았어요. 매우 안타깝고, 아쉬워요. 앞으로는 한번 받은 오더는 기한 내 보고해 주었으면 합니다."

논컨택트 상황이기 때문에 오프라인에서보다 더욱 마음을 담아야 한다. 무엇보다 간결하게 핵심 중심으로 말해야 한다. 장황하게 이야기하는 스타일이라면 반드시 회의 진행 전에 정확하게 자기주장을 할 수 있도록 간결하게 문장으로 정리해 보는 것을 권한다.

다음 세 가지만 기억하면 된다.

- 내가 말하고자 하는 팩트는 무엇인가?
- 그로 인한 나의 감정은 어떠한가?
- 내가 원하는 것은 무엇인가?

둘째, 온라인상에서 오가는 대화의 내용을 확인하는 시스템이 필요하다. 오프라인에서도 같은 장소에서 같은 언어로 대화를 나누었는데, 서로 오해를 하게 되는 경우가 많다. 온라인에서는 더 심각하게 일방적 대화로 인한 불통의 현장이 만들어질 가능성이 높다. 때문에 리더는 서로가 대화하는 과정에서 오해를 제거할 수 있는 쌍방향 소통의 시스템을 만들어야 한다.

이때 필요한 것이 카핑 리스닝Copying Listening이다. 상대가 한 말에 대해서 아무런 반응 없이 듣는 것이 아니라, 논컨택트 상황이기 때문에 더욱더 적극적으로 마음을 들어주려고 노력해야 한다. "당신이 말하는 것은 이런 것이냐? 내가 이렇게 들었는데 맞는가?" 등과 같이 상대가 한 말에 대해 적극적으로 카핑해서 들어주어야 한다. 그래야 서로 깊이 있는 대화로 연결되고 무엇보다 회의에 몰입할 수 있는 에너지가 만들어지게 된다.

이제 더 이상 근엄한 리더는 환영받지 못한다. 때로는 엔터테

이너Entertainer로, 때로는 퍼실리테이터Facilitator로 논컨택트 상황의 새로운 하모니를 만들어 내야 한다. 또 하나의 쌍방향 소통 시스템은 리더가 말한 내용을 참석자들이 잘 알아들었는지 확인하는 것이다. 리더가 할 말만 하고 회의를 끝내면 상당히 겉도는 분위기가 될 가능성이 높다. 더 의도적으로 노력해야 한다.

리더가 30분간 설명을 했다고 하자. 화면 속 팀원들은 열심히 듣고 있다. 거기에서 안심하면 안 된다. 그들이 들은 내용과 리더가 전달하고자 하는 내용이 정확한지 서로 맞추어보는 시간과 기회를 만들어야 한다. 리더가 어떻게 질문하고 들어주는가에 따라 다른 양상을 보인다.

- 오늘 내가 이야기한 내용 중, 중요하게 다가온 것은 어떤 것인가?
- 내가 이야기한 것과 관련 질문이 있는가?
- 앞으로 일주일간 각자 하기로 한 것은 무엇인가?
- 리더인 내가 알아야 할 것, 또는 지원할 것은 무엇인가?

이런 질문을 하게 되면 대화 내용에 대한 복기도 되고 자신이 무엇을 해야 하는지도 분명해진다. 처음에는 잘 맞지 않을 수도 있다. 조급해하지 말자. 지속적으로 같은 패턴으로 운영하게 되면 팀원들은 회의 내내 더 집중해서 듣고 이해하고자 노력할 것이다.

셋째, 이메일이나 SNS에서도 쌍방향 소통 리더십이 필요하다. 이메일부터 살펴보자. 메일이 오가면서 가슴앓이 하는 사람들이 많다. 상사는 상사대로, 부하는 부하대로 말이다. '왜 답이 없지? 분명히 읽었는데 반응이 없는 이유는 뭐지? 나를 무시하나?' 같은 많은 생각과 오해들이 생긴다. 그러면서 상대에 대한 색안경을 끼게 된다.

그래도 리더 입장에 있는 사람은 좀 낫다. '저 친구는 일에 집중을 안 해, 메일에 항상 답도 늦지'라면서 그냥 옆으로 비켜 세우면 되니 말이다.

그런데 팀원 입장에 있는 사람은 다르다. '내 보고가 마음에 안 드시나! 왜 아무 말도 없으시지!'라면서 혼자서 시나리오를 쓰게 된다. 이런 일이 반복되다 보면 오해가 쌓이고 신뢰는 멀어진다. 이메일을 받았으면 잘 받았다고 답신해 주어야 한다. 그것이 소통의 시작이다.

메신저 소통도 마찬가지이다. 말하는 사람은 많지만, 들어주는 사람은 극히 드물다. 업무상으로 만들어진 단체 메시지방에서는 특히 분명하게 들어주어야 오해가 없다.

바쁠 때는 아무래도 일일이 답하기 힘들다. 그러나 이것은 어디까지나 내 사정이다. 상대는 내가 바쁜지, 여유로운지 모른다. 답변이 여의치 않을 때는 간단하게 상황 설명을 한 뒤 양해를 구해야 한다. 톡을 보고도 답변하지 않는 것을 '읽씹'(읽고 씹는다)이라고 한다는데, 상대는 무시당했다고 생각해 좋지 않은 감정이 뒤끝으로 남을 수 있다.

나 역시 대답할 말이 여의치 않거나, 다른 일로 바쁠 때는 답변을 미룰 때가 있다. 또 다른 일이 생겨 답변을 놓친 경우도 있다. 나는 반갑게 인사했는데, 상대방이 떨떠름하게 나를 대하는 경우가 있다. 그와의 메신저 대화창을 다시 살펴보자. 잊고 있던 메신저 답변이 자가증식하며 오해의 탑을 쌓고 있을 수도 있다.

논컨택트 시대. 이제 직접 만나서 얼굴 마주 보고 눈빛으로 서로를 이해하는 일은 점점 더 일상에서 멀어질 것이다. 때문에 화면 너머에 있는 상대의 마음을 더욱더 세심하게 살펴야 한다.

SNS 소통을 위한 원칙을 만들어 보는 것도 좋겠다. '상황에 따라 답신을 못할 수도 있다. 내가 놓친 내용이 있을 때는 다시 알려주길 바란다. 내가 보낸 톡에 대해서는 모두가 반응할 필요는 없다. 해당되는 사람만 답하면 된다. 업무를 위해 만들어진 대화방이니 불필요한 내용 게시는 지양하자.'

이런 식으로 가이드를 주거나, 팀원들과 함께 'SNS 운영 규칙'을 정해보는 것도 좋다. 각자 중요하게 생각하는 것을 2건씩 적어서 제출한다. 모두 공유하고 유사한 내용끼리 모아가면서 의견을 수렴

한다. 가장 많이 나온 의견 중심으로 5개 정도를 정해서 규칙으로 만든다. 함께 만들면 공감대도 높아지고, 실행할 의지도 더 생긴다.

다음은 D그룹 A조직장이 팀원들과 같이 만든 '우리 팀 SNS 운영 규칙'이다.

1. 근무시간(평일 오전 9시~오후 6시)에 한해서 운영한다.
2. 팀 전체가 필요한 업무 중심으로 하되, 제목을 반드시 단다. [공유] [투표] [의견수렴] [공지사항] 등으로.
3. 개인적인 내용이나 특정인에게 해당되는 내용은 일대일 톡으로 전한다.
4. 재미를 느낄 수 있는 이벤트를 진행한다. 주관자를 정해 칭찬 릴레이, 좋은 소식, 감사한 일 등을 서로 나눈다.
5. 메신저에서도 중요한 것이 경청인 바, 앞에서 놓친 것이 없는지 서로 확인하고, 답장 기능을 이용해서 쌍방 소통을 한다.

2장

마음을 들어주면
사람이 움직인다

4차 산업혁명과 인공지능의 시대가 도래하면서 많은 예측이 쏟아지고 있다. 그중에서 인공지능으로 인해 기존의 많은 일자리가 사라지게 될 것이라던 전망은 점점 더 현실로 다가오고 있다.

일상에서 한번 살펴보자. 패스트푸드점에서 가장 먼저 나를 맞이하는 것은 자동주문 시스템이다. 주문한 음식을 로봇이 테이블까지 가져다주는 음식점도 있다. 자동화와 무인화로 인해 많은 사람들이 일자리를 잃고 있고, 회계, 금융, 법률, 학계 등 전문 직종들까지도 인공지능으로 인해 입지가 계속 좁아지고 있다. 이 상황에서 우리는 어떻게 해야 하고 무엇을 준비해야 할까?

많은 전문가들은 인공지능은 지금까지 축적된 데이터를 기반으로 하기 때문에 아직 인간이 만들어 내지 않은 것에 대한 기회를 탐색하라고 말한다. 인간의 고유 영역인 공감과 창조성을 강조한다. 결국 인공지능은 아직까지 사람의 마음을 읽어주거나 감정을 공감해 주는 것에는 한계가 있다는 것이다. 과거 데이터를 기반으로 새로운 것을 만들어 내는 것은 가능하기만, 이 세상에 없었던 것을 새롭게 창조해 내는 영역에는 접근하기 어렵다는 소리다. 이것은 우리 인간만이 할 수 있는 영역이다.

2장에서는 바로 그 공감과 창의성을 마음의 관점으로 풀어본다. 사람의 마음이 어떻게 구성되어 있는지, '마음을 알아차림' 하는 순간에 우리는 무엇을 얻을 수 있는지, 앞으로의 세상을 살아가는 데 내 마음이 어떤 지지대 역할을 해주는지 등을 살펴보자.

생각에 치우치거나
갈망에 매몰되거나

우리는 일상에서 마음이란 단어를 습관처럼 사용하며 살고 있지만 마음의 실체를 정확히 이해하는 경우는 드물다. 마음을 살펴보는 것 또한 생각조차 하지 않을 때가 많다. 너무 어렵다거나 종교의 영역이라고 섣불리 단정 짓기도 한다.

  나 또한 그랬다. 40대 후반까지의 직장 생활은 너무나 바빴다. 출근과 동시에 전쟁 같은 일정을 소화해야 했고, 꿈속에서 프레젠테이션을 할 정도로 일에 매몰된 삶을 살았다. 언행이 일치되지 않는 경우도 많았고, 내 마음과는 다르게 감정이 폭발하기도 했다. 주관적인 관점에서 달리다 보니 주변을 온전하게 살필 수도 없었다. 항상 해결해야 할 과제 속에서 번 아웃Burnout 되기 직전까지 일을 해내기 바빴던 시간의 연속이었다. 마음은 항상 파편 조각처럼 튕겨져 나가곤 했다.

지금 내가 비즈니스 코칭을 통해 만나는 리더들도 마찬가지다. 복잡 다양하고 불확실한 경영 환경 속에서 주사위를 던지는 마음으로 조직을 관리하고 성과를 만들어 내고 있다.

그들에게 "마음이 무엇이라고 생각하는가?"라고 묻곤 한다. 대부분 "마음이 마음이지 별게 있냐"라고 반응하거나, "마음은 생각이다, 마음은 욕구다"와 같이 정답을 풀어내는 이들도 있다.

마음의 사전적 의미는 '성격이나 품성, 어떤 감정이나 의지, 생각 등을 느끼거나 일으키는 작용, 사람의 감정, 생각, 기억이 생기거나 자리 잡는 공간이나 위치' 등을 말한다.

나의 스승인 인경 스님은 우리의 마음 현상을 다음과 같이 설명한다. 외부에서 어떤 자극을 받게 되면 무의식에 저장되었던 기억들이 그 순간의 느낌이나 감정, 연결된 생각, 갈망으로 올라온다. 그 현상들을 행동으로 표현하게 되는데, 이 전체 과정을 '마음 작동 모델'이라고 한다. 결국 마음이라는 것은 지금 내 몸에서 느껴지는 감정, 그 감정이 올라오게 된 생각, 그리고 내가 정말 원하는 것에 다름 아니다.

이 책에서는 마음TED을 생각Think, 감정Emotion, 갈망Desire의 연결체로 보고 풀어나가고자 한다.

나는 2013년부터 본격적으로 비즈니스 코치로 활동하기 시작했다. CJ그룹에서 25년간 근속한 경력 덕분에 상대적으로 고위 간부나 임원들을 고객으로 쉽게 확보할 수 있었다. 그때만 해도 코칭 목적의 대부분은 '성과를 더 낼 수 있도록, 사람 관리를 더 잘 할 수 있도록, 리더십을 더 잘 발휘할 수 있도록 하기 위해 어떤 변화가 필요한가?'에 집중되어 있었다.

그때는 코칭을 하면서 어느새 그들이 안고 있는 문제 해결을 위해 함께 집중하는 나를 발견하곤 했다. '내가 코칭을 받고 있는 임원이라면, 지금 하고 있는 이 대화가 정말 도움이 될까?'라는 의문이 들었다. 늘 실적에 쫓기며 화장실 갈 시간조차 없어 물도 잘 마시지 않을 정도로 바쁜 이들에게 리더십이 어떠니, 소통이 어떠니 하는 것 자체가 '우아한 고문'이 아닐까라는 생각이 들었다.

나는 지식이나 경험이 아닌, 마음을 담은 코칭을 하고 싶었다. 나 스스로 부족하다고 느끼는 것을 채우고 싶었다. 이 화두를 갖고 들어가게 된 동방문화대학원대학교 명상심리 상담 박사과정에서 인경 스님을 만났다.

"마음이 뭔가요?" 인경 스님은 매 수업 시간마다 물었다.

이 질문을 수없이 받으면서 어렴풋이나마 마음이라는 것을 살피기 시작했다. 어떤 감정이 올라오면, 특히 부정적 감정일 때 의도적으로 그 감정과 연결된 나의 생각과 갈망을 찾으려 노력했다. 생각과 감정, 그리고 갈망을 떠올리면서 내 마음 상태를 점검하기도 했다. 신기하게도 이러한 활동이 내 안에 웅크리고 있던 부정적 감정들을 하나씩 소환해 오기 시작했다. 이런 시간이 더해지면서 자연스레 마음이라는 것을 살피는 힘이 생겨났다.

"지금 불안하구나? 뭐 때문에 불안한 거니? 교육 프로그램 경쟁 프레젠테이션이 있는데 잘 할 수 있을지 걱정이 되고 불안하다는 거네? 그럼 네가 정말 원하는 것이 뭐야? 프레젠테이션을 잘해서 이번 프로젝트를 반드시 수주하고 싶은 거지. OK, 그럼 지금 뭘 해야 할까? 다시 한 번 발표 자료를 점검하고 잘할 수 있다고 스스로 응원을 해 주어야지."

이런 식으로 순간순간 올라오는 감정에 대해서 의도를 가지고 이성적으로 마음을 살핀 것이다. 2, 3분이면 충분하다. 생각, 감정, 갈망을 차분히 살펴주는 것만으로도 마음속에 아주 강한 에너지와 평화가 만들어짐을 느낄 수 있게 되었다.

오늘 기분이 어떠세요?
_____

2017년부터 나의 비즈니스 코칭 콘셉트가 확 바뀌게 되었다. 그동안 머리로 하던 코칭에서 마음을 담아서 하는 코칭으로 전환

되었다. 대부분의 사람들은 직접적으로 '마음이 어떠니, 감정이 어떠니'라고 말을 하면 오히려 마음의 문을 쿵 닫아버리곤 했다. 때문에 눈치 채지 못하게, 자연스럽게 마음을 표현할 수 있도록 해야만 했다.

나는 이것을 '조작된 선한 의도'라고 말한다. 상대가 알아차리지 못하는 상태에서 스스로 마음의 문을 열 수 있도록 도와주는 일이기 때문이다.

"오늘 기분이 어떠세요?"

이 질문이 바로 상대가 자신의 마음을 살피게 하는 출발점이다. 자신의 기분이나 감정을 이야기하면, 그다음 단계로 왜 그런 기분이 들었는지 묻는다. 상대는 또 질문에 답을 하면서 그 감정과 연결된 자신의 생각을 찾으며 이유를 분명하게 알게 된다. 그다음은 상대의 충족되지 않은 욕구가 무엇인지를 인식하게 한다. 이렇게 마음의 3개 요소인 생각, 감정, 갈망을 분명하게 말하게 되면 '아, 내 마음이 이런 것이었구나' 하면서 그 순간 딱히 뭐라고 할 수는 없지만 마음이 정리 정돈 되는 것을 느끼게 된다.

외부의 어떤 자극이 오는 순간 내 몸에서는 감정이 올라오고, 그 감정과 연결된 생각이 연결되고, 충족되지 못한 욕구가 출렁인다. 행동은 바로 이 과정을 거쳐 일어난다. 이때 생각만 챙기는 사람, 감정에만 매달리는 사람, 갈망만 추구하는 사람 등 다양한 모습들이 나타난다. 스스로의 마음 상태를 깨달아야 하지만 우리는 그동안 시간이 없다고, 방법을 모른다는 이유로 그저 생각에 치우치거나 갈망에 매몰되어 살아왔는지도 모른다.

이제 그동안 어설프게 알아왔던 마음을 분명하게 이해했을 것이다. 지식으로만 저장하면 마음이라는 것은 다시 나에게서 멀어지게 된다.

의도를 가지고 내 마음을 알아봐 주자. 다른 사람의 마음도 호기심을 갖고 의도적으로 물어봐 주자. 생각, 감정, 갈망을 한 세트로 챙기고 알아봐 주면 자각Awareness의 순간이 찾아온다. 엉켜 있던 마음 실타래가 풀어지는 순간을 경험하게 된다.

다음 세 가지 질문에 답을 하면서 자신의 마음을 살펴보자.

첫째, 지금 어떤 감정이 느껴지는가?
둘째, 그 감정은 어떤 생각에서 비롯되었는가?
셋째, 지금 원하는 것이 무엇인가?

마음에게 물어야 할
세 개의 질문

중국 고승 혜가가 달마대사를 찾아가 자신의 마음이 너무나 불안해서 어떻게 해야 할지 모르겠다며, 편안한 마음을 갖게 해 달라고 부탁했다. 달마대사는 혜가에게 그 불안한 마음을 가져오면 편안한 마음을 주겠다고 약속한다. 며칠이 지난 후, 혜가는 아무리 찾아도 그 불안한 마음을 찾을 수 없다고 했다. 달마대사는 이미 혜가의 마음을 편안하게 해 주었다고 말했다.

    혜가는 불안을 가져가야 하니 불안이라는 감정을 계속해서 살폈을 것이다. 살피면서 자동적으로 그 감정과 연결된 생각과 갈망도 챙겨봤을 것이다. 그러는 동안 그 불안은 사라지게 된다. 부정적 감정은 주인이 알아차림을 해 주면 아주 짧은 시간 안에 사라지지만 반대로 주인이 방치하면 더욱 기승을 부리면서 악화일로를 걷게 한다.

이 일화에서 나온 말이 '회광반조回光返照'이다. 상황이나 조건은 변화된 것이 없는데 자기 마음속의 영성靈性을 보게 하여 마음의 평화를 가져오게 함을 말한다.

분자생물학 박사이자 명상 지도자인 존 카바진John Kabat-Zinn은 만성통증이나 만성질병으로 고통을 받는 환자들의 스트레스 감소를 위한 프로그램으로 '알아차림 명상에 기반한 스트레스 완화MBSR: Mindfulness-Based Stress Reduction'를 개발해서 정신적으로 고통받는 사람들의 치유를 도운 사람으로 유명하다.

그는 알아차림Mindfulness을 이렇게 정의하고 있다. '자기 자신이나 자신이 경험하는 것들에 대해 어떤 판단이나 비판도 없이 지금 여기에서 자신의 몸에서 일어나는 감정, 감각, 생각, 욕구, 행동 등을 자각하는 것'이라고 말한다.

우리는 한순간도 생각이나 판단을 멈출 수 없다. 내 몸과 마음에서 일어나는 현상을 모두 알아차리는 것은 불가능한 일이다. 그렇다면 어떻게 해야 할까?

우리 마음은 부정적 편향성이 있다. 어떤 위협에 노출되었을 때, 순간 올라오는 부정적인 판단에 따라 감정이 올라오는데 이때 편도체가 활성화된다. 시간이 지나면 정확한 판단을 하게 되면서 안도감을 느끼는데, 이때는 전전두엽이 활성화된다. 불안하거나 걱정스럽거나 화가 나거나 슬프거나 섭섭하거나 하는 부정적 감정은 특히 더 신경 써서 살펴야 한다. 왜냐하면 부정적 감정은 내가 원하는 것이 충족되지 않았을 때 올라오는 경우가 많기 때문이다. 부정적 감정을 애써 억누르게 되면, 그 순간 더 많은 생각들이 오가게 되고, 더 많은 욕구들이 뒤섞이면서 마음은 갈피를 잡지 못하게 된다.

마음의 3요소, 생각, 감정, 갈망TED을 온전하게 알아차림해 주는 것이 중요하다.

마음의 삼각점

K상무는 품질관리 전문가다. 지금까지 30년을 회사와 함께 했다. 그런 그가 아침마다 꼭 챙겨 먹는 약이 있다. 그는 5년 전, 우울증 판정을 받았다. 아침에 약을 챙기지 못한 채, 운전대를 잡으면 불안한 마음이 요동을 친다. 아무도 모르는 혼자만의 비밀이다.

K상무는 회사에서 주관하는 임원 코칭 프로그램에 참어하게 되었다. 필수 과정인지라 울며 겨자 먹기로 코칭을 받았다.

코칭에서 매번 코치는 "기분이 어떠냐"라고 물었다. 비즈니스 현장에서 기분이나 감정을 이야기하는 일은 거의 없다 보니 처음에는 어색하고 불편해서 대답을 회피하거나 얼버무리곤 했다.

그러던 어느 날, 기분을 묻는 그 질문에 K상무는 "항상 불안하고 우울하다"라고 말하게 된다. 코치가 자신의 말을 집중해서 들어주고 공감도 해주니, 어느새 봇물처럼 자신의 이야기를 쏟아놓게 된 것이다. K상무는 코칭을 받으면서 자신도 모르게 속마음을 털어놓으며 급기야 자신이 우울증 약을 복용한다는 이야기까지 했다. 비밀로 할 것도 아니지만, 굳이 이야기할 필요도 없는데 말이다.

K상무의 말에 코치가 묻는다. "무엇이 상무님을 그렇게 불안하고 우울하게 만드나요?"

그는 그동안 한 번도 자신이 왜 불안하고 우울한지 스스로에게 질문을 해보지도 않았고, 또 다른 누군가에게 그런 질문을 받아보지도 않았다. 막상 그 질문에 답을 찾아보니, 현장에서 통제할 수 없는 여러 가지 사건사고들로 인해 자신이 불안해한다는 것을 인지하게 되었다. 코치의 다음 질문은 그를 더 당황스럽게 했다.

"그 불안과 우울이 원하는 것은 뭘까요?" 한 번도 궁금해하지 않았다. 그저 불안과 우울에 빠져 있을 뿐이었다. K상무는 자신의 불안과 우울한 감정이 원하는 것이 무엇인지를 곰곰이 생각해보았다.

그것은 잘하고 싶은 마음, 품질 사고가 나면 안 되니 잘 관리해야 한다는 마음, 실수하면 안 된다는 마음이었다.

그동안 K상무는 마음의 3요소 중에서 불안하고 우울한 감정을 감지하는 것에 머물렀던 것이다. 그와 연결된 생각, 그리고 갈망을 함께 챙겨주지 않으니 마음의 균형이 깨질 수밖에 없었다.

코치는 그에게 마음의 3요소를 삼각점이라 생각하고 균형감 있게 그 마음을 온전하게 챙겨보라고 조언해 주었다.

해보겠다고 말은 했지만, 속으로는 '말도 안 되는 이야기지, 5년 넘게 약으로도 못 고쳤는데 마음을 들어주면 된다고!'라며 하는 시늉만 했다. 하지만 코치가 수시로 실천해보니 어떤지를 계속 물어왔고, 속는 셈 친다며 마음을 살피기 시작했다.

그 이후, K상무는 독백하는 버릇이 생겼다. 운전하다가 감정이 올라오면, "지금 화가 난다는 거야? 뭐 때문에 화가 나는데? 그래서 네가 원하는 게 뭔데?"라고 물으면서 자신의 마음과 대화를 하게 된 것이다. 아마도 누군가 봤다면 '저 사람 혼자 뭐 하는 거야!'라고 했을 것이다. 이렇게 독백을 하는 과정에서 마음이 정리되고 부정적인 감정의 소용돌이에서 빠져나오는 경험을 하게 되었다. 그리고 3개월이 지난 시점에서 우울증 약과는 기분 좋은 안녕을 하게 되었다. 마음을 살피는 세 개의 질문이 그에게 안정제 역할을 해주게 된 것이다.

누구든 마음의 삼각점을 분명하게 알아차림 할 수 있는 세 가지 질문을 받고서 자신의 감정, 생각, 갈망을 이야기하는 순간, 마음의 퍼즐이 완성되는 충만감을 만끽할 수 있다. 이 책을 통해 많은 독자들이 마음을 온전히 살폈을 때의 기쁨을 느끼기를 바란다.

내 마음에서 어떤 감정이 올라오더라도 억제하려고 하지 말자. 불안하다면 불안한 그 감정을 알아차려 주면 된다. 그리고 그 불안을 가져온 생각과 그다음 내가 원하는 것이 무엇인지를 분명하게 챙겨보면 된다. 내 마음을 살피면서 감정, 생각, 갈망을 챙기면 내 안의 지혜를 만난다. 그 지혜를 자꾸 더하다 보면 성찰이 되고, 그 성찰이 깊어지면서 통찰력으로 확장되게 된다.

들끓어 오르는 정체 모를 감정에 더 이상 골머리를 썩지 말자. 내 몸과 마음에서 일어나고 있는 감정에 맞춰 춤을 추면 된다. 이제 마음의 조각을 하나하나 챙겨보자. 마음의 삼각점을 정확하고 균형 있게 짚어주는 만큼 마음이 안정되고, 여백도 더 넓어진다. 그 느낌을 알기에 다른 사람들의 마음도 같은 방식으로 들어주게 될 것이다.

자기주장을 잘하는 사람들의 비밀

누군가와 마음을 터놓고 대화하고 싶다면 먼저 자신의 마음부터 열어야 한다. 도대체 마음을 어떻게 열어야 할지 궁금할 것이다.

계속 강조하지만 내 마음을 연다는 것은 마음의 3요소 즉, 생각, 감정, 갈망TED을 분명하게 표현하는 것을 말한다. 산업화 시절엔 의도적으로 그리고 암묵적으로 감정 표현을 금기시하기도 했다. 때문에 우리는 마음을 표현하는 것에 익숙하지 않았다. 마음이라는 단어를 습관처럼 많이 썼지만, 마음의 의미를 온전히 이해하지 못했던 탓도 있을 것이다.

마음의 3요소 중, 생각과 갈망은 순간순간 내 머릿속을 장악하면서 내게로 왔지만, 감정이라는 녀석은 좀처럼 나와 친해질 수 없었다. 3개의 마음 지렛대를 균형감 있게 굴렸어야 하는데, 머릿속에 꽉 차 있는 생각의 지렛대와 미래를 위한 갈망의 지렛대만 가지고 열심히 페달을 밟았다. 마음의 자전거가 온전히 굴러갈 리 없다.

이제부터라도 내 마음을 알아봐 주고, 간결하고 분명하게 마음을 표현하는 연습을 해야 한다. 그래야만 다른 사람 마음의 문도 노크할 수 있다.

자기주장 기술 Assertiveness은 상대와 자신의 마음을 살피면서 자신의 주장을 분명하고 임팩트 있게 표현하는 기술을 말한다. 내 입장이나 주장만 펴는 것이 절대 아니다. 먼저 상대의 입장을 배려하는 것이 포인트이다. 그리고 자신의 마음, 즉 생각, 감정, 갈망을 모두 담아서 말하는 것을 중요하게 본다. 결국에는 말하는 사람, 듣는 사람이 모두 만족할 수 있는 대화법이라 할 수 있다.

모두가 만족스러운 상태로 대화를 이어나가고 싶은가? 그렇다면 당신이 가장 먼저 해야 하는 것은 '지금 마음의 상태를 알아차림 하는 것'이다. 알아차림 한다는 것은 지금 내 머릿속에 있는 생각이나 이슈, 그로 인한 나의 감정, 내가 정말 원하는 것을 어떤 판단도 해석도 하지 않고 들어주고 알아봐 주는 것을 말한다. 그리고 그 알아차림한 마음을 각색 없이 있는 그대로 말해야 하고, 상대의 이야기를 들을 때도 마찬가지로 그 사람의 생각, 감정, 갈망 TED을 해석과 판단 없이 들어주고, 공감해 주어야 한다.

또한 어떤 불만족한 상황이나, 내가 원하는 것을 말할 때도 마찬가지다. 생각, 감정, 갈망을 모두 담아서 이야기해야 온전하게 자기주장을 펼 수 있고, 결국 대화에서 모두가 만족하는 승전고를 울릴 수 있게 된다.

나의 자기주장 기술 수준은 어떤지 자가 점검해보자.

	자기주장 기술 Assertiveness 자가 점검	
번호	평가 내용	점수
1	나는 새로운 사람들을 만나는 것에 거부감이 없다.	
2	나는 필요한 상황에서 "No"라고 말할 수 있다.	
3	나는 순간순간 나의 감정 상태를 알아차린다.	
4	나는 상대에게 희로애락의 감정을 분명하게 말로 표현할 수 있다.	
5	나는 상대방의 생각, 감정, 갈망을 분명하게 알아차림 할 수 있다.	
6	나는 나와 이견이 있는 사람들에게 내 의견을 이야기할 수 있다.	
7	나는 나의 실수를 인정할 수 있고, 책임도 질 수 있다.	

8	나는 다른 사람들에게 도움이나 정보를 쉽게 요청할 수 있다	
9	나는 누군가의 행동을 용납할 수 없을 때, 이에 대해 말할 수 있다.	
10	나는 내가 원하는 것을 분명하게 이야기할 수 있다.	
11	나는 많은 사람들 앞에서 자신 있게 말할 수 있다.	
12	나는 다른 사람에게 일을 위임하는 것에 거부감이 없다.	
13	나는 자신감 있고 에너지 넘치는 목소리로 말을 한다.	
14	나는 말을 할 때, 항상 바른 자세로 이야기한다.	
15	나는 말을 할 때, 상대와 눈 맞춤하거나 인중에 집중하면서 이야기한다.	

매우 그렇다 5, 대체로 그렇다 4, 보통이다 3, 대체로 그렇지 않다 2, 매우 그렇지 않다 1

보통(3점) 이하로 체크한 것이 어떤 문항인지 확인해보자. 3, 4, 5번은 나 자신과 상대의 마음을 알아차림 할 수 있는지를 보는 항목이다. 2, 6, 8, 9, 10번은 나의 니즈를 분명하게 말할 수 있는가를 보는 항목이다. 1, 7, 11, 12, 13, 14, 15번은 자신감 그리고 자존감에 관련된 항목이다. 자기주장 기술을 잘하기 위해서는 먼저 어떤 항목이 취약하고, 그 취약점을 어떻게 개선할 것인지를 정리해 보면 좋겠다.

서로 집중하지 못하는 이유

우리가 대화를 하면서 서로에게 집중하지 못하는 것은 서로 자기 생각만 이야기하기 때문이다. 생각은 이미 지나간 과거이고, 판단의 결과이다. 좌뇌가 가동되면서 신피질이 활성화된다. 그순간 상대도 마찬가지로 좌뇌를 가동하고 신피질을 활성화시키면서 판단과 해석을 활발하게 한다. 순간 대립각이 만들어지게 된다.

마음을 온전히 담아서 이야기하면 어떤 현상이 벌어질까? 생각과 갈망을 이야기하면서 양념으로 감정을 이야기해보라. 순간 감정을 다루는 우뇌, 변연계가 활성화된다. 판단하고 예측하고 논리성에 편향되어 있던 내가 더 넓고 객관적인 시각에서 대화를 이어가게 된다. 창의적이고 유연하게 대화를 이끌어가는 순간을 접촉하게 된다.

말하는 사람만 그런 것이 아니다. 자동적으로 그 감정의 언어를 들은 사람의 우뇌와 변연계도 활성화된다. 그러면서 해석보다는 공감을 하고, 편협한 시각에서 좀 더 관조하는 시각으로 변하게 된다.

누구를 위해서 그렇게 해야 하는가 궁금증이 올라올 수도 있다. 답은 우리 모두를 위해서이다. 말하는 사람, 듣는 사람 모두를 위해 필요한 행동이다. 그것이 바로 마음을 담아 대화하는 시작인 것이다.

다음 두 단계에 따라서 해보자.

1. **마음을 알아차리는 1단계**: 내 마음을 먼저 알아차림 해야 한다. 다음 세 질문에 대해서 답을 해본다.

- 지금 내 감정은?
- 그 감정이 어떤 생각 때문에 올라왔는가?
- 내가 정말 원하는 것은 무엇인가?

2. **마음을 알아차리는 2단계**: '생각, 감정, 갈망'을 깔끔하게 정리해서 말하는 것이다. 다음 순서에 따라서 말하면 쉽다.

- 어떠어떠한 생각이나 사건이 있었다.
- 그래서 내 감정은 이러하다.
- 그리고 내가 원하는 것은 이것이다.

갑자기 일이 생겨서 약속을 깨야 하는 경우 당신은 어떻게 양해를 구하는가?

A : "오늘 바빠서 못 만날 것 같아." 생각만 이야기한 경우다.

B : "오늘 약속을 토요일로 옮기고 싶은데 괜찮을까?" 갈망만 이야기한 경우다.

C : "내일 본부장 회의 보고 자료에 문제가 생겨서 오늘 야근을 해야할 것 같아. 갑자기 약속을 깨게 되어 미안하고, 면목이 없네. 이번 주말로 일정을 옮겨서 만나고 싶은데 괜찮을까?" 온전히 마음을 담아 이야기한 경우다.

자신의 생각만 이야기하거나 자신이 원하는 것만 말하면, 상대도 그 수준에 머물고 만다. 그리고 잠시 후 자신도 모르게 감정이 치고 올라올 수도 있다. 엉거주춤 상대의 제안을 받아들이긴 했지만, 시간이 지날수록 괜스레 불쾌감이 올라오고, 그 사람에 대해 해석을 하게 된다.

C처럼 이야기해야 자기주장을 잘한 사람이다. 결론적으로 자기주장을 잘하는 사람은 자신의 마음 즉, 생각, 감정, 갈망을 알아차리고 간결하면서도 분명하게 말한다.

지금까지 외면적인 자기주장만 고집해 왔다면, 이제부터는 내면적인 자기주장을 해보자. 서로가 만족스러운 대화의 장을 만들어가게 될 것이다.

감정이라는
특제 소스

감정은 지금 현재 내 안에서 일어나는 마음의 한 조각이다. 때문에 상대의 감정을 공감해 주지 않고 내 생각이나 갈망을 이야기하게 되면 그때부터 같은 공간에 있지만 서로가 따로 존재하는 것 같은 거리감이 생긴다.

우리 머릿속에 자리 잡고 있는 많은 생각은 이미 지나간 과거에 대한 사실이다. 감정은 지금 이 순간, 내 몸에서 느껴지는 기분이다. 갈망은 아직 오지 않은 미래이고 내가 궁극적으로 원하는 것이다.

때문에 상대와 나의 마음을 연결할 수 있는 최고의 순간은 바로 지금 이 순간이다. 대화를 할 때 온전히 들으면서 그 사람의 말이나 감정, 갈망, 가치관 등을 공감해야 한다. 솔루션을 주겠다는 생각으로 선택적 경청을 한 뒤 나의 지식과 경험으로 레시피를 완성하려고 하면 곤란하다.

무엇보다 감정이라는 특제 소스를 꼭 사용해야 한다. 그래야 서로 만족한 메뉴로 파티를 즐길 수 있다. 마음과 마음을 연결하는 진정한 공감대를 만들고 싶다면 정성을 다해 그 사람의 마음(생각, 감정, 갈망)을 듣고, 그 사람의 감정 언어로 공감해야 한다. 머리가 아닌 몸과 마음으로 느낀 그 감정을 표현하는 것이 바로 핵심이다.

앞에서 우리는 마음을 알아봐 주는 것의 의미를 살펴봤다. 말하는 사람의 마음 즉, 생각, 감정, 갈망TED을 어떤 판단이나 해석도 하지 않고 있는 그대로 들어주고, 들은 내용을 되물어 봐주면서 그 공간에 함께 하고 있다는 느낌까지 주는 것이라 했다. 결국 마음을 알아봐 준다는 것은 상대의 모든 것, 말하는 것은 물론이고 말하지 않는 것까지 들어주는 것을 의미한다.

주로 비즈니스 코칭을 많이 하는 S코치는 최근 한 가지 고민이 생겼다. 경영이나 리더십 관점에서의 문제 해결 코칭은 아주 잘 된다. 그런데 고객과 공감하면서 감수성을 터치하는 상황에서는 매번 난관에 봉착했다. 아들과의 관계도 문제가 생겼다. 대학생인 아들은 늘 솔루션을 주려고 하는 부모와 대화를 하고 나면 무언가 머리로는 해결이 되는 것 같지만 마음이 너무 힘들어진다고 토로한다. S코치는 멘토 코칭Mentor Coaching을 받아 보기로 했다. 멘토 코칭이란 멘토 코치Mentor Coach가 멘티 코치Mentee Coach의 코칭 장면을 보고, 피드백을 해주면서 코칭 역량을 보강해 나가는 것을 말한다.

S코치는 멘토 코치와 마주 앉았다. 초반에는 순조롭게 이야기가 잘 풀려나갔다. 멘토 코치는 최근에 마음을 수련하고자 동남아 여행을 다녀왔다고 했다. 그런데 10일간 여행을 잘 끝내고 오는 길에 배우자와 심하게 다투었고, 지금도 냉전 중이라고 했다. 이유를 물어보니, 성찰 시간을 갖고 마음 수련을 하기 위한 여행이었기 때문에 여행하는 기간 내내, 혼자만의 시간을 가졌고, 이에 불만이 생긴 배우자와 결국 다퉜다는 것이다. 예전에도 같은 방식으로 여행을 다녀왔지만 그때는 아무런 불만이 없었는데 이번에는 왜 그러는 건지 자신도 당황스럽다고 말했다.

S코치는 멘토 코치에게 바로 물었다. "그렇다면 사모님과의 관계 개선을 위해 무엇을 어떻게 해볼 수 있을까요?"

늘 하던 식으로 솔루션에 초점을 맞춘 질문을 던지자 멘토 코치의 얼굴이 굳어지는 게 보였다. 그 표정에서 뭔가 핵심을 잘못 짚고 있다는 것을 눈치채야 하는데, 다시 "무엇이 사모님을 화나게 했을까요?"라며 원인 탐색을 위한 질문을 하고 말았다.

몇 번을 반복해도 해답을 찾지 못하자, 안타까운 마음이 든 멘토 코치가 구체적으로 피드백을 해 주었다. "코칭에서 가장 중요한 것은 고객과 함께 하는 것이고, 이 공간에서 고객과 연결하기 위해서는 그 사람이 느끼고 말하는 감정을 알아봐 주면서 공감을 해주는 것이 무엇보다 중요합니다. 지금 내가 배우자 때문에 힘들고 짜증 난다고 몇 번을 이야기했는데, 그 감정을 알아봐 주지 않고, 자꾸 문제 해결을 위한 질문만 하니까 말하고 싶은 마음이 사라지게 되는 거죠. 일단 감정을 들어주고 공감하는 연습을 해야 합니다. 고객과의 연결고리는 감정 언어를 알아봐 주는 데서 나옵니다."

감정 언어의 힘

'고객과의 연결, 감정 언어 알아봐 주기'. 머리로는 이해가 되지만, 감정을 어떻게 알아봐 준다는 말인가! 20여 년간 회사 생활을 하면서 감정 언어를 들어본 적도 써본 적도 없었던 것 같다. '아, 그래서 과거 회사에서 리더십을 발휘할 때, 드라이하고 감정이 메말랐다는 이야기를 들은 것인가? 감정 언어를 전혀 사용하지 않는 부모 때문에 아들도 상처를 받은 걸까?'라는 생각이 들었다.

S코치는 멘토 코치의 조언을 듣고 감정 언어를 제대로 공부하기로 마음먹었다. 희로애락을 표현하는 감정 언어를 찾아 큰 소리로 백 번 이상 읽고 또 읽었다. 뜻이 애매한 감정 언어는 사전을 찾

아가며 공부했다.

감정 언어를 일부 소개한다. 이 중 몇 개나 사용하고 있는지 한 번 체크해보자.

'감동적이다. 감미롭다. 감사하다. 개운하다. 경쾌하다. 고맙다. 고요하다. 그립다. 기대된다. 기분 좋다. 느긋하다. 당당하다. 두근거린다. 든든하다. 들뜬다. 만족스럽다. 뭉클하다. 반갑다. 벅차다. 뿌듯하다. 산뜻하다. 살맛 난다. 상쾌하다. 신난다. 안심이 된다. 여유롭다. 열망한다. 애틋하다. 유쾌하다. 정겹다. 재미있다. 즐겁다. 따뜻하다. 차분하다. 친근하다. 편안하다. 평화롭다. 포근하다. 활발하다. 홀가분하다. 흐뭇하다. 흥미롭다. 흥분된다. 황홀하다. 흡족하다. 가슴 아프다. 공포스럽다. 근심스럽다. 걱정스럽다. 괴롭다. 끔찍하다. 난감하다. 두렵다. 무섭다. 밉다. 부끄럽다. 분노한다. 불만스럽다. 불쾌하다. 불쌍하다. 비참하다. 서운하다. 소름 끼친다. 속상하다. 숨 막힌다. 신경질 난다. 실망스럽다. 싫다. 야속하다. 얄밉다. 억울하다. 우울하다. 울화가 치민다. 원망스럽다. 지루하다. 지겹다. 짜증 난다. 처참하다. 초조하다. 침울하다. 화난다. 힘들다. 화가 난다.'

일주일 후, S코치는 다시 멘토 코치를 만나 코칭을 시연했다. 감정 언어를 공부한 덕분인지 그동안 들리지 않던 감정 언어가 귀에 쏙쏙 들어왔다. 그리고 자연스럽게 그 감정 언어로 공감도 하게 되었다.

"예년과 다르게 사모님이 불만을 토로하셔서 당황스럽고, 지금은 그 상황이 힘들고 화가 나신다는 거죠?" S코치가 감정 언어로 공감해 주니, 멘토 코치 입가에는 미소가 피었다. '내 마음을 드디어 공감해 주는구나' 하는 마음과 후배 코치가 '드디어 감정을 알아채는구나' 하는 뿌듯함이 녹아든 미소였다.

비단 이것은 코치들만의 이슈는 아니다. 오히려 리더들에게 매우 중요한 내용이다. 회사에서는 감성지수를 높이라고, 공감 리더십을 발휘하라고 계속 강조한다.

특히 공감능력을 키우기 위해서는 의도적 연습이 매우 많이 필요하다. 많은 시행착오도 겪을 것이다. 기초부터 키우는 것이 중요하다. 감정 언어를 소리 내어 읽어보고 표현해보라. 어느새 자신도 모르는 사이 대화의 분위기가 점차 부드러워짐을 느끼게 될 것이다. 공감은 연습한 딱 그만큼만 개선될 수 있다는 점을 잊지 말자.

상대의 말을 복사하듯 되물어주면

소통은 서로 이야기가 잘 통해서 오해가 없는 상태를 만드는 것이다. 오해가 만들어지는 소통 현장을 자주 접하곤 한다. 분명 우리말로 회의를 했는데도 나와서는 다들 다른 이야기를 하기도 한다.

소통이 원활하지 않은 경우에는 큰 리스크가 발생할 수도 있기에 많은 기업에서 소통 리더십 역량을 키우기 위해 부단히 노력한다. 거의 매년 받다시피 하는 소통 교육에도 불구하고 좀처럼 소통이 원활해지지 않는다. 왜일까?

소통이 중요하다고 알고는 있지만 대부분 다 아는 이야기라면서 집중하지 않는다. 가끔 괜찮은 내용이 나오면 나중에 써먹을 요량으로 열심히 필기를 하며 또다시 지식을 채울 뿐이다. 강사의 말을 진심으로 듣고 자신의 것으로 만드는 것에 매우 인색하다.

　업무 지시나 대화를 할 때도 마찬가지다. 말하는 사람, 듣는 사람이 확연하게 구분된다. 팀원들은 묵묵히 필기에 집중한다. 한번 확인해보라. 내가 한 이야기를 얼마나 통일성 있게 제대로 이해하고 있는지 말이다. 혹은 오해하고 있는 것은 아닌지.

　사실 소통을 잘 해보자고 곳곳에서 약속을 하지만, 매우 어렵다. 우리는 너무 오랫동안 의도치 않은 불청이 당연한 세상에서 살아왔다. 그 불청은 사람들과의 관계에서 너무 큰 대가를 치러왔다. 불청으로 시작된 불통의 세상. 우리에게는 어떤 대안이 있는 것일까?

연결되면 달라진다

　카핑 리스닝Copying Listening, 일명 복사기 화법이라는 것이 있다. 대화에서 발생할 수 있는 오해를 그 자리에서 해결해 주는 강력한 '들어주기' 기술이다. 방법은 간단하다. 상대가 하는 이야기 중에서 핵심이 되는 내용을 아주 간략하게 복사하듯 물어보는 것이다.

　이 기술은 항상 현재 진행형이어야 한다. 잠시라도 딴청을 피우게 되면 카핑 리스닝이 어색해진다. 결국 대화를 하는 동안에는 집중해서 그 사람 이야기를 듣고 자신이 잘 듣고 있다는 것을 확인하는 질문을 하면서 들어주라는 것이다.

복사기 화법을 사용해 경청하면 존중과 배려를 느끼는 것은 당연하고, 서로 강하게 연결되어가는 느낌을 갖게 된다. 여기서 연결고리는 듣는 사람이 말한 사람의 이야기를 되묻는 그 지점이다. 이렇게 연결되면 당연히 소통의 넓이와 깊이가 달라진다. 그리고 들은 내용을 되묻는 질문을 통해서 더 많은 것을 얻어낼 수 있다.

들은 이야기를 복사해서 물어봤을 때, 그 내용이 정확하면 상대는 더 깊은 이야기로 연결한다. 하지만 만약 내용이 정확하지 않을 경우에는 잘못 들은 내용을 수정해 주기 때문에 대화의 오해가 줄어들게 된다. 그리고 또 한 가지, 되물은 질문이 그 사람이 이야기하는 본질을 더 살필 수 있는 강력한 질문으로 작용한다. 복사기 화법 경청은 오해가 없는 원활한 소통을 만들어가는 감초와 같다.

업무를 지시하거나 받을 때, 보고할 때, 회의할 때, 일방의 필기는 그만 하자. 대신 상대가 말하는 핵심 내용을 되묻자. 온전한 경청은 온몸으로 듣고, 내가 알아차림한 그 내용을 상대에게 되물어 봐야 완성된다는 점을 잊지 말자.

조직에서는 성과 관리도 중요하지만, 사람 관리도 그에 못지않게 중요하다. 일 잘하는 차장이 있다. 그런데 어느 날 갑자기 경쟁사로 이직을 하겠다고 한다. 이유를 물어보니, 월급이 적어서 결심을 하게 되었다고 한다. 진심일까? 더 깊이 있는 대화로 마음을 연결해

봐야 한다. 피상적인 이야기가 아닌 그 사람의 본심을 탐문해봐야 한다. 어떻게 그 차장의 마음을 열게 할 수 있을까?

이 이야기에 대한 A, B, C의 반응을 보자.

A : "얼마나 올려준다는데? 나가봐야 다 똑같아. 당장은 한 푼 더 받는 거 같지만, 몇 년 흐르면 여기가 훨씬 이득일 걸. 승진도 보장되고 말이야."
B : "참, 이 친구 세상 물정 모르네. 이 시국에 회사를 옮긴다는 거야?"
C : "월급이 적어서 이직을 결정했다는 거네?"

A는 판단형이다. 더 이상 말을 섞고 싶지 않다.

B는 훈시형이다. 그 사람 마음은 들어주지 않고 내 관점에서 지도편달만 하니, 대화는 그냥 "네" 하고 끝나고 만다. 정신적으로 단단하지 않은 사람은 수치심까지 느낄 수 있는 반응이다. 전혀 공감하지도 않고 경청도 하지 않은 상황이다. 상대가 빨리 이 상황에서 벗어나고 싶게 만드는 반응이다.

C 상황에서는 자신이 한 말이 그대로 질문으로 되돌아왔기 때문에 거기에 답을 해야 한다. 그 답을 하면서 좀 더 깊이 있는 자신

의 이야기로 확장되어 나간다. 경청의 고수는 대화를 할 때마다 이런 순간을 자주 만든다. 그 순간은 어떤 해석도 판단도 없이 온 마음을 다해서 들어줄 때만 가능하다.

복사기 화법의 3가지 기술

카핑 리스닝(복사기 화법) 기술로는 패러프레이징Paraphrasing, 백트래킹Back Tracking, 리스토리텔링Re-Storytelling 등이 있다.

어휘 변용이란 뜻의 패러프레이징은 상대가 언급한 어휘와 뜻이 같거나 유사한 어휘를 사용하여, 서술의 중복이나 반복을 없애고 문장을 쉽게 풀어내는 것을 말한다. 두서없이 장황하게 말하는 사람과 대화할 때 매우 유용하다.

백 트래킹은 상대방이 하는 말, 감정, 갈망 등을 잘 듣고서 상대방의 언어로 되물어 봐주는 것이다. 자신이 한 말이 질문으로 되돌아오기 때문에 질문에 답을 하면서 표면적인 이야기 밑에 숨겨져 있는 본질을 보게 할 수 있다.

리스토리텔링은 상대방이 한 이야기를 전체적으로 재구성해서 새로운 이야기로 정리해서 되돌려주는 것이다.

3년 전에 L브랜드 책임자로 이직한 J본부장은 사장단 인사가 있은 후부터 머리가 터질 것 같다. 회장 직속에서 외부 영입 사장 산하로 갑자기 조직이 흡수되면서 그동안 맘먹고 펼쳤던 브랜드 확장 전략에 제동이 걸렸다. 불황 속에서도 성장과 수익의 두 마리 토끼를 잘 잡아오고 있었지만 코로나19라는 불가항력적인 환경 변화로 인해 일시적으로 실적 정체를 보이고 있다. 그런데 새로운 사업을 관할하게 된 사장은 당장 인력 구조조정을 지시했다. 다음은 J본부장의 말이다.

"그동안 밤 낮 가리지 않고 브랜드를 살리기 위해 죽을 힘을 다해서 일했다. 큰 거 바라는 것은 없지만, 우리 직원들 행복하게 일하면서 롱런하게 해주고 싶었다. 그런데 갑자기 낙하산 사장이 와서 과거를 모두 부정하고, 무조건 30% 인력 구조조정을 하라고 하니 정말 당황스럽고 짜증 난다. 도대체 왜 업을 전혀 모르는 사람을 사장으로 앉힌 것일까? 나더러 나가라는 이야기인 것 같기도 하고, 일이 손에 잡히지 않는다. 이참에 인생 이모작을 확실하게 준비해야 하나 고민이다."

어떻게 들어주어야 할까? 복사기 화법 경청으로 살펴보자.

패러프레이징 : "그동안 브랜드 경영에 힘써왔는데, 업을 모르는 대표이사에게 인력 구조조정 등 미션을 받고 많이 당황스럽고

고민이 된다는 거죠?"

백트래킹 : "죽을힘을 다해 일해 왔는데 갑자기 낙하산 사장이 와서 인력 30%를 구조조정 하라는 것에 당황스럽고 짜증 난다는 거죠?"

리스토리텔링 : "새로운 사장이 부임하고 새로운 사업모델로 전환하려고 하는 분위기여서 많이 힘들다는 거죠?"

여기에서 가장 효과가 있는 것은 백트래킹이다. 자신이 사용한 단어, 감정 등의 언어가 되돌아오니, 공감적 경청을 강하게 해준다고 느낄 수 있다. 또 그 되돌아온 질문에 답을 하면서 자신이 살피지 못했던 속마음까지도 살필 수 있게 된다.

"이야기를 하다 보니, 그 사장도 결국에는 오너의 미션을 받았을 텐데, 괜스레 원망했네요. 결국 회사를 잘 운영하기 위한 과정이니, 다시 한번 사장님과 마음을 터놓고 이야기를 해봐야겠네요. 제 마음도 표현하고요." 자신의 생각, 감정, 갈망을 성찰한 J본부장의 말이다.

하나 더*
복사기 화법 Activity

판단만 하지 않아도

다음 상황을 읽고 해당되는 칸에 문장으로 적어보고, 소리를 내서 읽어보자. 가장 울림이 있는 것이 상대에게도 강력하게 작용한다.

상황 : 아들이 진로에 대해서 고민하고 있다.
"아빠, 나는 지금 전공이 맞지 않는 것 같아. 그래서 자퇴를 하고 다른 진로를 찾아볼까 해요. 일단 아르바이트하면서 내가 하고 싶은 것이 뭔지를 찾아보려고 해요."

말을 들은 아빠는 드디어 걱정했던 일이 터지고 말았구나, 가슴이 철렁 내려앉으면서 아들과 예전과는 다른 방식으로 대화를 해보기로 마음을 먹었다.
주의할 점이 있다. 판단해서 작성하는 것이 아니라, 실제 나의 아들이 이런 이야기를 하게 되면 어떤 감정이 올라올지, 아들이 이야기한 핵심 내용은 무엇인지, 아빠인 내가 원하는 것이 무엇인지를 먼저 알아차림 하는 것이 우선이다.

	구체적으로 적고 읽어보자.	
평소 나의 반응		
백트래킹		
패러프레이징		
리스토리텔링		
복사기 화법	들은 이야기?	
	느낀 감정?	
	들은 욕구?	
	감정과 생각만 되묻기	
	욕구까지 되묻기	

설득하려 들면
순식간에 떠난다

식당, 병원, 공공기관 민원실, 콜 센터 등은 고객 접점 업종이다. 이 업종에 종사하는 이들도 많지만 우리들 대부분은 고객의 입장에서 이들의 고객 응대를 경험하게 된다. 아주 자연스럽게 고객을 응대하는 곳도 있지만, 기계적으로 처리한다고 느껴질 때가 많다. 표준화된 매뉴얼을 토대로 고객을 응대하기 때문이다.

그런데 여기서 우리가 한번 점검해볼 것이 있다. 모든 기업이나 사업자는 고객의 마음을 사로잡고, 고객을 진심으로 대해 감동을 주어야 한다고 강조한다. 그런데 매뉴얼을 외워서 고객을 응대하게 되면, 자칫 공감보다는 문제 해결에 집중하게 되는 우를 범할 수 있다. 마음이 전달되기에는 부족함이 있다.

콜센터 등에서 근무하는 이들의 심리적 고통 또한 매우 심하다. 상식적인 고객만 있는 것은 아니니 말이다. 고객의 마음을 잘 듣고 원하는 것을 제대로 들어주어야 하는데, 그것이 마음처럼 쉽지만은 않다.

고객 컴플레인이 발생했다. 어떻게 해야 할까?

대부분 고객 컴플레인을 전담하는 부서와 담당자가 있어 잘 들어주기는 한다. 문제는 그다음이다. 고객 접점에서 일하는 사람들은 서비스 매뉴얼을 기반으로 고객 응대를 한다. 예전에는 어느 정도 적중했다. 그런데 요즘은 그 표준화된 매뉴얼이 오히려 고객의 불만을 더 키울 수도 있다. 고객들은 마음을 담아 응대하고 케어해 주기를 바란다. 같은 상황에서 똑같이 답변해도 어떤 고객은 감동하지만, 어떤 고객은 롤러코스터를 탄 것처럼 돌변해 버린다. 무조건 죄송하다고 하거나, 어떤 보상을 원하느냐고 하는 순간 제2, 제3의 클레임으로 확산되기도 한다.

나쁜 의도를 갖고 컴플레인을 거는 악성고객이 아니라면, 사람의 마음은 다 똑같다. 바로 '내 이야기를 들어줘, 내 마음을 알아봐 줘'라는 신호를 보내는 것이다. 이 신호를 받으면 일단 들어줘야 한다. 고객의 마음이 어떤지를 알아봐 주고 공감부터 해야 한다. 컴플레인을 빨리 해결하려는 마음에 방어 논리를 펴거나 설득하려고 들면 고객의 마음은 순식간에 멀리 떠나버린다.

그 고객이 마음을 돌린 이유

K는 H그룹의 단체급식 본부장이다. 고객사 중에는 일반 환자식과 함께 암, 당뇨와 같은 지병을 가진 환자를 대상으로 특수 병원식을 제공하는 대형병원도 있다. 그런데 Y병원에서 환자식을 먹고 복통이 있고 설사를 한다는 컴플레인이 발생했다. 전에도 근거 없는 이유를 들어 컴플레인을 걸었던 환자였는데, 이번에도 막무가내다.

병원 측에서도 환자가 무리하게 억지를 부린다는 것을 알지만, 결국 해결은 단체급식을 담당하는 회사의 몫이기에 K본부장이 환자를 만나보기로 했다. 그동안 회사에서는 귀책사유가 없다고 판단했기 때문에 관망하고 있었던 터였다.

K본부장을 만나자마자, 그 환자는 격앙된 목소리로 소리를 질렀다. "이제야 책임자가 왔네. 잘못을 했으면 사과를 해야지. 이리저리 핑계만 대고, 그렇지 않아도 힘들어 죽겠는데, 왜 당신들까지 나를 이렇게 힘들게 하는 겁니까? 내가 이거 신경 쓰느라 건강도 더 나빠지고 있어. 어떻게 책임질 건데?"

K본부장은 정중한 자세로 환자의 이야기를 들었다. 곧이어 환자는 다음 이야기를 쏟아냈다.

"내가 특별히 뭘 원하는 것이 있는 것도 아니었고, 그날 아침에 병원식을 먹은 거 밖에 없는데 복통이 일고 설사가 나면, 그것은

100% 식사가 문제가 있는 거 아닙니까? 내가 이야기를 하면 들어는 봐야 하는 거 아닙니까? 무조건 아니라고 하면, 그럼 내가 엄한 소리를 한다는 겁니까! 그러니 내가 화가 날 수밖에 없지!"

K본부장은 일단 공감해 주는 것이 먼저라는 판단이 섰다. 그의 말을 제대로 잘 들었다는 말을 해주는 것이 먼저였다.

"환자분, 병원식을 드시고 나타난 복통, 설사로 많이 힘드셨는데, 아무도 들어주지 않아 많이 화가 나신 거죠?"

K본부장이 이렇게 말하자 환자는 살짝 당황하는 기색을 보이면서 "이제 좀 말을 알아먹는군"이라며 혼잣말을 했다. 순간 치켜떴던 눈이 내리깔리며 말의 강도도 살짝 내려갔음을 느낄 수 있었다.

이 순간을 포착해서 다시 말을 이어갔다. 컴플레인이 발생하면 회사로 보고가 되고, 과정을 점검해서 판명이 나야 컴플레인 가이드가 나오기 때문에 영양사가 마음대로 처리할 수 없는 상황이라는 것을 먼저 설명했다. 마음을 챙겨드리지 못해 죄송하고 아직도 원인을 찾지 못해 회사도 난감한 입장이라고 차분히 이야기를 했다.

K본부장은 진심으로 말했다. 고객의 마음이 얼마나 힘들고 답답하고 화났을 것인지 공감한 뒤, 회사나 실무진의 마음도 역시 불안하고 난감하고 힘들었다고 덧붙였다. 이번에 제기된 컴플레인을 계기로 회사의 위생 프로세스를 새롭게 점검한 이야기도 하면서 앞으로 더 세심한 마음으로 급식을 운영하겠다는 약속까지 했다.

"나는 그냥 사과 한마디 들으면 되는 거였는데, 그게 그렇게 복잡하게 돌아가는 건지 몰랐네. 그럼 그 영양사 선생님한테 뭐 안 좋은 일이 생기나요? 이렇게 자초지종을 이야기해 주면 좋았을걸, 뭘 숨기듯이 매번 애매하게 말하니까 나로서는 점점 더 화가 치밀어 오른 거죠. 이렇게 책임자가 와서 자세하게 이야기를 해주니, 좀 마음이 풀리네요."

이 고객이 마음을 돌린 이유는 거창한 사과도 특별한 보상도 아니었다. 그 고객의 마음을 알아봐 주고 들어준 것이 다였다. 처음에는 배탈이 화근이었지만, 시간이 지나면서 자신의 마음을 안 들어주니 더 큰 화로 발전하게 된 것이다.

컴플레인을 해결하려고 하면 고객은 다시 튕겨져 나간다. 고객의 기분이나 감정, 그리고 말하는 사실을 듣고서 판단을 하지 말고 우선 그 감정과 생각을 알아봐 주어야 한다. 여기서 알아봐 준다는 것은 말하는 사람이 느낄 정도로 집중해서 들어주고 그 사람이 하는 말을 제대로 듣고 있다는 반응을 해주는 것을 말한다. 그 과정에서 고객은 자신이 존중받고 있다고 느낌과 동시에, 지금 무슨 말을 하고 있고 어떤 감정이며, 자신이 원하는 것이 무엇인지를 분명하게 자각하게 된다.

그 순간 밖으로만 향하던 마음의 화살이 자신에게 향하면서 상황을 좀 더 객관적으로 보게 된다. 더불어 상대가 자신에게 되물어봐 주는 그 질문에 답을 하면서 자신이 정말 원하는 것의 본질이 무엇인지를 깨닫게 된다. 그러면서 컴플레인을 촉발한 감정이 누그러지고 생각과 갈망을 맞추어 보면서 자신이 억지를 부렸다는 점도 자각하게 된다.

고객을 내 편으로 만들기 위해서는 판단 없이 있는 그대로 그 사람의 마음을 온전히 들어주어야 한다. 누구를 만나 대화를 하건, 그 사람의 생각, 감정, 갈망, 즉 마음의 삼각점을 분명하게 듣고, 내가 잘 듣고 있음을 말로 표현해 주자. 이것이 진짜 경청이다. 이 진짜 경청이 사람을 움직이게 한다. 때문에 사람을 움직여 성과를 만들어야 하는 리더들에게 가장 중요한 것이 경청임을 다시 한번 강조해본다.

진짜 경청을 하고 싶은가? 그렇다면 다음 네 가지를 염두에 두고 실천해 보자.

첫째, 일단 경청에 방해되는 어떤 행동도 하지 말고 집중해서 듣자.
둘째, 들으면서 상대가 말하는 핵심 단어를 되물어봐 주자.
셋째, 되묻기 질문에 상대가 답을 하면 다시 집중해서 들어주자.
넷째, 그가 말하는 것에 진심을 다해 공감을 해주자.

당신이 걸도는 대화만
하게 되는 이유

회의를 하거나, 고객을 만났을 때, 첫마디는 무엇인가?

라포Rapport라는 단어가 있다. 라포란 프랑스어로 '가져오다'라는 의미로 사람 간의 심리적 신뢰 관계를 뜻한다. 서로가 어떤 일이라도 터놓고 말할 수 있는 관계, 감정적으로나 이성적으로 이해하는 관계를 말하는데, 의사와 환자, 상담사와 내담자 간에 형성된 신뢰 관계를 지칭할 때 주로 사용된다.

커뮤니케이션을 할 때, 이 라포 형성은 대화를 자연스럽게 만들어 가는 중요한 전초전이다. 앉자마자, "본론부터 이야기하자. 핵심이 뭔가? 그래서 내가 뭘 도와주면 되는데? 뭐가 문제지?"와 같은 방식으로 시작하면 그 질문에 답하기에 바빠 서로가 마음을 연결할 순간을 놓치게 된다. 피상적인 대화로만 이어지게 되고 갑갑함을 느끼거나, 대화가 끝나고 나서도 뭔가 꺼림칙한 기분에 사로잡힐 수 있다.

단 5분을 이야기하더라도, 딱 10분을 회의하더라도 기분 좋게 속마음까지 풀어낼 수 있다면 매우 의미 있고 소중한 시간으로 자리 잡게 된다. 그것을 가능하게 하는 것이 바로 라포 활동이다.

긍정심리학자 마틴 셀리그먼Martin Seligman은 "긍정적인 상태에서 행복감이 올라가고, 창의적인 아이디어를 발산할 수 있으며, 몰입을 가져온다"라고 강조한다. 그래서 회의를 주관하거나 대화를 시작할 때, 지금 느끼는 기분이나 최근의 감사한 일, 행복한 것, 취미나 관심사 같은 주제로 화두를 던지면서 마음 문을 노크해 주는 것이 중요하다.

국내 B기업의 미국 LA 지사에 근무하고 있는 후배의 에피소드이다. 뉴욕에서 한국 본사와 미국 현지 기업 간의 인수협상이 한창일 때, 한 가지 미션이 떨어졌다고 한다. 중요한 협상이 있는 날, 본론으로 들어가기 전에 스몰 토크Small Talk를 맡아 달라고 한 것이다. 그 후배는 누군가와 처음 만났을 때 어색한 분위기를 부드럽게 만드는 대화인 스몰 토크를 위해 LA에서 뉴욕까지 출장을 간 것이다. 겨우 20, 30분에 불과한 시간을 위해서 말이다.

여러 가지를 생각해 볼 수 있는 장면이다. 그 후배는 미국에서 자란 친구여서 자연스럽게 스몰 토크를 할 수 있다. 반면 협상을 위해 한국에서 간 사람들은 공통 주제를 찾는 것도 공감하는 것도 어려웠을 테니 당연히 스몰 토크가 큰 숙제였을 것이다.

그 후배는 협상을 할 때, 당혹스러웠던 적이 많았다고 이야기했다. 어색한 인사, 공감 없는 대화, 공격적인 질문, 다양성에 대한 몰이해나 젠더Gender 감수성 부족에서 나오는 실례되는 질문, 경직된 자세 등 한국에서는 아무렇지 않게 하는 말이나 행동이 국제 비즈니스 상황에서는 매우 민감하게 작용한다고 말했다.

마음을 여는 질문들

대화를 하거나 회의를 하는 장면에서 한 명이라도 집중하지 못하면 그 시간은 효율적이라고 말하기 어렵다. 회의를 주관하거나, 대화를 이끌어야 하는 입장에 있다면, 그 장場을 모두가 주인공이라는 느낌을 가질 수 있도록 만들어야 한다. 본론에 앞서 긍정적이면서 부담 없는 주제로 자신의 이야기를 하면서 마음을 열 수 있게 해야 한다. 이게 바로 라포이고 스몰 토크이다.

다음 10개 질문을 염두에 두었다가 상황에 맞게 활용해 보자.

여기서 중요한 것은 참석자가 많은 경우라도, 모두가 말할 수 있도록 배려해야 한다는 점이다. 때문에 진행하는 사람은 시간 안배를 하면서, 30초 또는 1분 이내로 말해 줄 것을 요청해야 한다. 8명이 넘어가는 경우에는 둘이서 짝을 이뤄 대화하는 구조로 운영하면 좋다.

- 최근 한 달간 정말 기분 좋았던 순간은 언제였나요?
- 당신의 삶이 감사한 이유는 뭔가요?
- 생각만 해도 기분 좋은 사람은 누구인가요?
- 지금까지 한 일 중에서 가장 잘했다고 생각하는 것은 뭔가요?
- 아무런 제약이 없다면 꼭 해보고 싶은 것은?
- 지금의 마음을 사물로 표현하면 뭐가 연상되나요?
- 오늘 자신에게 주고 싶은 선물은 뭔가요?
- 학창 시절로 돌아간다면, 새롭게 도전해보고 싶은 것은?
- 더 즐겁게 일하기 위해 우리가 더 할 것이 있다면?
- 10일간, 혼자만의 시간이 주어진다면 무엇을 해보겠습니까?

위에 소개된 질문들은 자신의 내면과 직접 연결할 수 있는 것들이다. 질문에 답을 하면서 '내가 이런 생각을 한 적이 있었나, 내 안에 이런 욕구들이 있었구나, 정말 미래에 이런 것을 꼭 해봐야겠다'라는 마음이 올라온다. 그 이야기를 하는 순간만큼은 모두가 주인공이 되는 효과도 있다.

이때 진행하는 사람은 말하는 사람이 어떤 이야기를 하건 판단 없이 있는 그대로 들어주면서 공감을 해주게 되면 긍정 에너지가 더욱 넘치게 된다. 누군가 자신의 이야기를 잘 들어준다고 느끼는 그 순간, 사람들은 존중받고 있다 여긴다. 당연히 자발적으로 몰입하게 됨은 물론이다.

3장

하루 5분, 나를 만나는 시간

2016년 이코노미스트 인텔리전스 유닛Economist Intelligence Unit과 베인앤컴퍼니Bain & Company에서는 만족감을 느끼는 직원보다 영감을 받는 직원의 생산성이 두 배 이상 높다는 연구결과를 발표했다. 이들은 영감을 주는 리더를 육성하기 위한 필요 요소를 파악하기 위해 3년간 2,000명을 대상으로 인터뷰를 진행했다. 영감을 주는 중요한 요소가 무엇인지 평가하고 심리학, 신경학, 사회학, 조직 행동 및 경영과학 등 여러 분야의 자료를 기반으로 과학적이고 통계적으로 유의미한 33개 속성을 찾아냈다.

사람들과 연결하기 요소(8)	내적 자원 개발하기 요소(8)
공감, 자기주장 기술, 개발, 경청, 겸손, 표현력, 활력, 대중성	자기 존중감, 낙천성, 감정 표현, 유연성, 독립성, 감정적 자기 자각, 자기실현, 스트레스 내성
이미지 만들기 요소(8)	팀을 이끄는 요소(8)
개방성, 책임, 균형, 인정, 세계관, 비전 공유, 완결성, 이타성	화합, 집중, 의사결정, 비전, 임파워먼트, 공동 창조, 섬김, 후원

베인 영감 리더십 모델 Bain Inspirational Leadership Model**의 4개 그룹**

여기에서 주목할 것은 33개 특징 중에서 직원들이 가장 갖고 싶고, 가장 중요하다고 생각하는 것이 바로 자기중심성Centeredness이라는 점이다. 자기중심성이란 현재 이 순간에 집중하면서 '마음 알아차림'을 하는 것을 의미한다. 많은 회사들이 건강과 직장 만족도를 높이기 위해 마음 알아차림 프로그램을 제공하고 있다. 이 연구에서는 이런 프로그램에서도 자기중심성을 특히 고려해야 하며, 이를 통해 신중함과 스트레스 대처능력을 향상시켜야 함을 강조했다. 자기중심성을 높여 주기 위해 리더가 해야 하는 것은 깊은 경청과 공감을 해주는 것이 기본 요소라고 강조했다. 자기중심성을 포함해서 33개 요소 중, 4개 이상의 요소에서 뚜렷한 강점을 보이는 이들이 다른 사람들에게 더 많은 영감을 줄 수 있다고 말한다.

3장에서는 영감을 더해 주는 자기중심성을 어떻게 높일 수 있는지 살펴볼 것이다. 질문으로 스스로 성찰하는 방법, 호흡으로 평정심을 올리는 법, 내면의 아이를 만나는 법, 관조의 힘 등을 살펴볼 것이다.

내 마음이 주는 지혜

내 속엔 내가 너무도 많아
당신의 쉴 곳 없네.
내 속엔 헛된 바램들로
당신의 편할 곳 없네.
내 속엔 내가 어쩔 수 없는 어둠
당신의 쉴 자리를 뺏고
내 속엔 내가 이길 수 없는 슬픔
무성한 가시나무 숲 같네.

조성모가 불러 더 많이 알려진 시인과 촌장의 노래 '가시나무

새' 가사 중 일부이다. 우리 마음속에 너무나 많은 것들이 가시처럼 돋아 있어서 스스로를 편안하게 맞이할 수도 누군가를 쉽게 받아들일 수도 없고, 가시에 찔린 상처들로 인해 마음도 닫고 입도 닫고 세상과 단절된다는 의미로 해석된다.

우리는 내 마음속 소리를 얼마나 듣고 있을까?

2010년 25년간 근무한 회사에서 갑자기 퇴임 통보를 받았다. 누군가를 만나는 게 왠지 부담스러워 1년간 마치 산악인이라도 되는 듯 등산에만 집중했다. 모든 화살이 밖으로만 향했다. 억울함도 삭혀지지 않았다. 분노하고, 불만을 토로하기도 했다.

그러던 중 어느 날 새벽 산행을 하면서 밖으로 향하던 화살을 내 안으로 돌리는 계기를 맞았다. 추운 겨울 새벽 3시. 하늘에서 쏟아지는 무수한 별들이 눈 덮인 백색의 산길을 밝혀주었다. 같이 간 선배와 나는 일정한 간격을 두고 아무 말 없이 산을 오르기 시작했다. 무릎 높이까지 쌓인 눈을 밟으면서 나는 스스로에게 수많은 질문을 던졌다.

처음 회사에서 코칭 교육을 받을 당시만 해도 '이런 걸 어떻게 조직운영에 접목하지? 현업도 바쁜데 경청하고 질문하라니. 이건 지금 우리 조직에는 적합하지 않아'라며 받아들이지 않았다.

그러다 2008년 양식 패밀리 레스토랑 빕스VIPS 사업부장으로 발령받았다. 기획전략 전문인 나에게 주변에서 우려의 목소리를 보내왔다. 현업을 전혀 경험하지 않은 사람이 사업부장이라니, 아마 오래가지 못할 것이라고들 말했다. 현장에서 큰 사건이 터지면, '사업부장이 경험이 없어서 그런 것 아니냐'라는 소리도 들었다.

그런데 아이로니컬하게도 조직의 비전과 전략을 세팅하고 나름의 조직 변화를 만들어 가게 된 가장 큰 무기는 다름 아닌 코칭 리더십이었다.

코칭을 만나고 난 이후 나는 '질문하면 답이 나온다'라는 강력한 믿음을 갖게 되었고, 그 추운 새벽 산행길 나 자신에게 수많은 질문을 던지고, 그 질문에 대한 답을 들어주기를 반복했다.

'나는 그동안 무엇을 위해 그렇게 열심히 살았는가? 회사는 나에게 어떤 의미였는가? 나에게 가족은 어떤 의미인가? 왜 나는 갑자기 퇴임 통보를 받았을까? 앞으로 나는 어떻게 살고 싶은가?'

수많은 질문을 던지면서 올라간 산 정상에서 떠오르는 태양을 보았을 때 가슴이 벅차올랐다. 세상을 다 품을 것 같은 마음이 들었다. 그러나 마음 한 편에는 여전히 억울함과 분노가 남아 있었다.

정상에서 다시 내려오는 길, 어디선가 갑자기 '시끄러운 양은 냄비'라는 소리가 들렸다. 순간 그동안의 일들이 주마등처럼 스쳐 지나갔다. 얄팍한 지식과 경험으로 마치 시끄러운 양은 냄비처럼 요란스럽고 독선적인 리더십으로 '나를 따르라' 외쳤던 부족한 나 자신을 뒤돌아보게 되었다.

그 순간 퇴임을 당한 이유가 분명해졌다. 솔직히 검손함보다는 우월감이 우선이었고, 그러는 과정에 사람들과의 관계에서 보이지 않는 갈등이 많았던, 덜 익은 벼 이삭 같은 모습으로 일해 온 나를 성찰하게 되었다.

5분 정도 지났을까? 어디선가 또 한 번의 소리가 들려왔다. 이번엔 '무쇠 솥'이라는 소리가 들렸다. 그것은 바로 내 마음의 소리였다. 시끄러운 양은 냄비에서 단단한 무쇠 솥으로 변화하라는 것처럼 들렸다. 더 깊이 있는 삶, 더 성숙한 삶, 더 지혜로운 삶을 살아가라는 마음의 소리였다. 정말 짧은 순간이었지만, 모든 것이 정리되는 느낌이었다.

나는 지금도 자신 있게 말할 수 있다. 4시간여의 새벽 산행에서 어떠한 방해도 없이 온전히 나에게 질문하고 답을 들으면서 나 자신에게 집중했다. 그때 내 안의 진짜 나를 만나면서 과거 여행도 하고, 현재 내 안의 시끄러운 소리도 듣고, 미래에 대한 상상의 나래를 펼쳐 보기도 했다. 그 이후 나는 어떤 어려움에도 흔들리지 않고 '나'라는 브랜드를 굳건히 만들어오고 있다. 당시 다른 기업의 본부장으로 가기 위해 연봉 협상 중이던 것을 과감하게 거둬들이고, 무쇠 솥과 같은 나를 만들기 위해 대학원에 입학을 하게 되었다. 그리고 지금까지 나는 비즈니스 전문 코치로서 멋진 인생 후반기를 즐기고 있다.

내 안의 나를 듣게 해주는 10가지 질문

지금부터 그 어떤 것에도 방해받지 않을 딱 1시간을 마련해보자. 그리고 내 안에 속삭이는 많은 소리를 들어보길 바란다. 단언컨대 진정한 나를 마주하게 되고 그동안 만나지 못했던 위대한 나를 만나게 될 것이다.

더 이상 바쁘다고 미루지 말고 다음 질문을 스스로에게 던져보자. 질문을 하고 내면의 목소리가 들리면 절대 판단하지 말고, 지금 들리는 그 소리를 진심을 다해 들어주면 된다. 마음의 소리를 들으면서 또 다른 호기심이 생기면 또 물어보고 들어보기를 반복하자.

다음은 내 안의 나를 듣게 도와주는 10가지 질문이다.

1. 지금까지 살아오면서 가장 잘한 일 5가지는 무엇인가?
2. 그러한 일을 할 수 있었던 나의 강점에는 어떤 것이 있는가?
3. 나의 가치관, 삶의 철학은 어떤 것들이 있는가?
4. 최선을 다하는 삶을 살았는가? 아니라면, 어떻게 했어야 최선을 다하는 삶이었을까?
5. 아무런 제약이 없다면, 꼭 해보고 싶은 것은 무엇인가? (10가지)
6. 인생 궁극의 목표는 무엇인가? 10년 후에는 어떤 모습으로

살아갈까?

7. 그 모습으로 살아가기 위해 지금부터 도전할 것은 무엇일까? (5가지 이상)

8. 가족은 나에게 어떤 의미이고 그들은 내가 어떻게 살기를 바랄까?

9. 나 스스로에게 응원 한마디를 보내자. 내 인생의 슬로건을 만든다면?

10. 오늘 자문자답하면서 새롭게 발견한 것은 무엇인가?

세상은 너무 빠르고 복잡하게 돌아가고 있다. 앞만 보고 달려온 삶을 잠시 돌아보면서 이제부터 살아갈 날을 생각하면 막막함이 몰려오기도 할 것이다. 하루하루 꽉 채워진 일정으로 최선을 다해 살고 있지만, 마음 한구석에서는 또 다른 목소리가 속삭이고 있음을 분명 인지하고 있을 것이다.

그런데 왜 자신을 만나지 않는가? 그 누구도 당신의 마음을 온전히 볼 수도 채워줄 수도 없다. 스스로 마음속을 들여다보고, 마음이 들려주는 이야기를 듣고, 마음이 주는 지혜를 잡아야 한다. 이제라도 내 마음의 소리를 듣자.

숨만 잘 쉬어도
평정심을 찾는다

타이머를 1분간 맞추고 평소의 호흡 상태를 점검해보자. 1분간 몇 회의 호흡을 하고 있는가? 들숨과 날숨을 한 세트로 헤아리면 대부분 1분간 15~25회 정도 호흡한다. 성인의 평균 호흡수가 15회다.

호흡은 체내에 산소를 받아들이고 이산화탄소를 배출하는 아주 중요한 생명 활동이다. 들숨으로 폐 속에 산소를 공급하면 동맥으로 흐르는 혈류를 타고 세포에 에너지를 전달하게 되고, 생명 활동의 부산물인 이산화탄소는 다시 날숨을 통해 몸 밖으로 배출된다. 결국 호흡수가 많다는 것은 산소 공급과 이산화탄소 배출이 원활하지 않다는 것을 의미한다.

호흡수는 수명과도 깊은 관련이 있다. 호흡이 매우 느린 거북이, 학, 코끼리 같은 동물들은 대체로 장수한다. 호흡이 가쁜 개, 고양이, 토끼 같은 동물들은 수명이 짧다. 호흡은 스트레스 관리에도 매우 중요한 역할을 한다. 공기를 마실 때, 허파가 팽창되면서 교감신경계가 활성화되고 숨을 내쉴 때는 부교감신경계가 활성화된다. 교감신경계는 스트레스 상황에서 긴장과 위축을 느끼게 하지만, 부교감신경계는 길항작용을 하면서 이완 작용과 함께 평안함을 더해준다. 때문에 깊게 들이마시고, 길고 가늘게 최대한 내쉬는 것이 심신 건강에 좋다.

더 단단하고 평화로운 나를 만나기 위해

심신의 안정에 도움이 되는 호흡을 어떻게 해야 할까? 별로 어렵지 않다. 다음을 참고해서 해보자. 아침에 일어나서 또는 업무 시작 전, 그리고 오후에 나른하고 집중이 안 되는 시간에, 하루를 마치고 잠을 자기 전에 심호흡을 하면 좋다.

1. 허리를 펴고 바르게 앉는다.
2. 발바닥은 바닥에 붙이고 다리는 붙여서 11자 모양을 만든다.
3. 손은 다리에 편안하게 내려놓고, 가슴도 편다.

4. 눈은 정면을 향하게 하고, 웃음 근육인 입꼬리 당김근에 살짝 힘을 준다.

5. 어깨를 아래위로 툭툭 올리고 내리면서 긴장감을 이완시킨다.

6. 혀끝을 위 치아 안쪽에 붙인다.

7. 코로 공기를 서서히 들이마시면서 폐 안에 공기가 들어가게 한다.

8. 아랫배가 불룩해진 상태를 확인한다.

9. 편안하게 머물 수 있을 만큼 머물면서 몸 상태를 느껴본다.

10. 입을 살짝 벌리고, 최대한 길고 가늘게 일정한 간격으로 공기를 내보낸다.

11. 이렇게 한 번의 심호흡을 하고, 숫자를 헤아린다. 호흡 숫자를 헤아리게 되면 잡념에 빠지지 않게 도와줘 더 큰 효과를 볼 수 있다.

12. 1~10번까지 반복하면서 심호흡을 한다.

13. 5분간 타이머를 작동시켜 심호흡을 하면서 호흡수를 헤아린다.

14. 매일 3~4회 정도 5분씩 심호흡을 하면서 평정심을 올려본다.

L상무는 기업에서 상품개발을 담당하는 임원이다. 스마트하고 전략적인 데다 현장 경험도 많다. 함께 일하는 팀원들은 상무를 따라가기 바쁘다. 따라왔나 싶으면 또 저만큼 가 있는 상사를 볼 때마다 주눅이 든다는 이들도 많다. L상무도 팀원들이 답답하기만 하다. 기다리고 들어주어야 한다고 마음을 먹지만, 상황에 직면하면 이미 뭔가 지시나 지적을 하고 있는 자신을 본다.

L상무의 평소 1분간 호흡수는 28회다. 보통 성인의 호흡수보다 13회나 많다. 스스로 호흡수를 세어보고 나서는 내심 놀랐다. 그는 말하는 것, 걷는 것, 생각하고 판단하는 것 등 모든 행동이 굉장히 빠르다. 그리고 쉽게 피곤해지고 집중력이 떨어질 때도 많아서 가끔 심각할 정도로 예민하게 반응하는 자신을 성찰했다.

그는 위에서 소개한 1~10번 가이드를 지키면서 심호흡을 해보았다. 그러자 심호흡 수가 1분에 10회 정도로 줄었다. 처음에는 심호흡 자체가 힘들었다. 하지만 자꾸 반복하면서 자신만의 패턴을 찾은 후부터 평안해지는 느낌이 들었다.

그는 매일매일 출근 후 한 번, 오후 3시, 취침을 하기 전 등 틈틈이 5분 정도 심호흡을 하려고 노력한다. 덕분에 지금은 심호흡수가 1분에 5회 미만으로 줄어들었다. 심호흡을 거듭할수록 매사 여유가 생기고 말도 조금 천천히 하게 되었다. 밥 먹는 속도도 차츰 느려지면서 소화력도 좋아졌다. 무엇보다 그 짧은 5분간의 심호흡 시간이 피곤한 몸과 마음에 에너지를 충전해 준다는 느낌이 든다. 심호흡으로 평정심을 유지하면서 주변을 대하는 태도도 훨씬 여유로워졌다.

나 자신을 만나려면 마음이 평온해야 한다. 그 평온은 심호흡만으로도 얼마든지 가져올 수 있다.

'호흡을 이렇게 챙겨본 것이 처음이다. 심호흡을 하니 뭔가 안정되고 몸이 개운해지는 느낌이다. 숫자를 헤아리면서 호흡에 집중하니 잡생각이 올라오지 않는다. 심호흡만으로 이렇게 차분해지다니 신기하다. 5분간 숙면을 취한 느낌이다.'

    심호흡으로 효과를 본 사람들의 이야기이다. 너무 달린다 싶을 때, 지나치게 피곤이 몰려올 때, 중요한 의사결정을 내려야 할 때…. 잠시 하던 일을 멈추고 심호흡에 집중해보자. 차분한 마음과 함께 내면의 에너지를 만나게 될 것이다.

    심호흡을 하면서 숫자를 헤아리는 것은 더 집중하기 위해서이다. 심호흡을 하면서 생각과 감정에 휘둘리면 심호흡 효과가 반감된다. 심호흡으로 온전하게 자신을 만나고, 매사 평정심으로 멋진 리더십을 발휘하는 리더로 거듭나길 바란다.

나도 모르는 내 마음을 알려주는 '마음 세 줄 일기'

우리는 지금 여기에, 즉 현재에 머물기 힘들다. 처리해야 할 문제도 많고, 미뤄둔 일들도 많다. 현재에 집중하기보다는 지나간 과거에 얽매이고, 오지 않은 미래를 걱정하고, 하고 싶은 것들로 머리가 꽉 차 있다.

머리가 터질 것 같은가? 생각이 많아서다. 부정적인 감정이 내 안에서 피어나는가? 그 감정을 알아봐 주지 않았기 때문이다. 미래가 걱정스러운가? 나를 믿고 의지하는 마음이 얕기 때문이다. 무엇보다도 이 마음의 조각들이 각기 따로따로 존재하기 때문에 나타나는 현상들이다. 마음의 조각들, 즉 감정 그리고 거기에 연결된 생각과 갈망이 무엇인지 분명하게 살피고 그 마음의 조각들이 한 공간에서 함께 할 수 있도록 해주어야 한다.

B상무는 정보통신 분야 기업의 영업 총괄 본부장이다. 인품도 좋고 리더십도 탁월하여 조직문화나 성과 면에서도 인정받는 임원이다. B상무는 얼마 전부터 마음공부를 해왔다. 모든 것이 순항 중인데 괜스레 불안감이 엄습해 오는 순간을 몇 차례 경험했는데, 도무지 이유를 찾을 수가 없었기 때문이다. 마음이라는 녀석이 어떤 것인가라는 궁금증으로 시작한 공부다. 관련 전문서적을 많이도 읽었다. 그런데 글로는 알겠는데, 자신의 삶에 적용해서 마음을 들여다보는 것이 잘되지 않아 갑갑하던 차, 핵심 임원을 대상으로 하는 리더십 역량 강화 프로그램에서 자기 자각 Self Awareness과 마음 알아차림에 대해서 배우게 되었다.

그 교육에서 B상무는 마음 알아차림을 잘할 수 있는 팁을 하나 얻었다. 바로 마음 세 줄 일기이다. 마음 세 줄 일기란 어떤 감정이 느껴질 때, 그 감정을 알아차리고 그 감정과 연결된 생각과 갈망을 세 줄로 써보는 것이다. B상무는 부정적 감정이 올라올 때마다 메모하는 방식으로 마음 일기를 적기 시작했다.

다음은 B상무가 적은 세 줄 일기이다.

- **감정** : 불안하다.

- **생각** : 사장님과 영상으로 전략회의가 있다.
- **갈망** : 영업본부 전략을 잘 보고하고 싶다.

- **감정** : 불안하다.
- **생각** : 오늘 지점장들과 시장점유율 확대 방안을 논의하는 화상회의가 있다.
- **갈망** : 영상회의지만 지점장들이 분명한 솔루션을 가져왔으면 좋겠다.

- **감정** : 걱정스럽다.
- **생각** : 연말 임원 인사가 있는데, 연임이 될지 어떨지 복잡하다.
- **갈망** : 올해 실적도 좋으니 연임이 되었으면 좋겠다.

B상무는 이 마음 일기를 쓰면서 두 가지 새로운 발견을 했다. 첫째는 마음 일기를 쓰는 순간, 부정적 감정이 많이 누그러진다는 것, 그리고 두 번째는 자신이 불안해하는 순간에는 항상 화상회의가 있다는 것을 알게 되었다. 윗분들과 하는 화상회의는 당연히 긴장되고 불안할 수 있다. 그런데, 지점장들과 화상회의를 할 때도 자신이 불안감을 느낀다는 것은 의외의 발견이었다.

그는 명상 코칭을 하는 K코치를 만나 이런 사실에 대해 대화를 나누었다. 지금까지 살아오면서 화상회의 때문에 곤란을 겪었던 경험이 있는지 질문을 받았다. 불현듯 대리 시절 화상회의가 떠올랐다. 화상회의 중에, 한 임원이 "B대리는 어떻게 생각 하나?"라는 질문에 당황한 나머지 엉뚱한 답변을 해서 곤란했던 장면이다. 자신이 화상회의를 전후로 불안을 느낀 것이 20년 전 그 화상회의 장면에서 출발했다는 사실이 정말 놀라웠다. 그 당시 한동안 창피한 마음이 많았지만, 잊고 살았다. 그렇게 큰일도 아니었다. 혼자 무안해하고 당황했던 기억에 불과하다. 그런데 그 사소한 사건이 B상무 삶에 적지 않은 영향을 미쳐온 것이다.

내 마음의 평화는 언제 찾아오는가

사회생활을 하면서 얼마든지 겪을 수 있는 일이다. 외부 자극에 의해서 내 마음속에서 춤추는 수많은 감정을 알아차려야 한다. 좋은 감정이라면 그대로 넘어가도 된다. 그런데 부정적 감정이라면 반드시 그 감정과 연결되어 있는 어떤 사건이 있을 가능성이 높다. 부정적 감정은 내가 원하는 것이 충족되지 않았을 때 올라오는 경우가 많기 때문이다. B상무도 대리 시절, 자신의 마음을 보살펴주었다면 상황은 달라졌을 것이다.

"지금 엄청 창피하고 부끄럽다. 왜냐하면 상무님 질문에 당황한 나머지, 엉뚱한 대답을 해서 참석자 모두가 놀란 얼굴로 나를 봤다. 내가 담당하고 있는 분야라서 정말 멋지게 답할 수 있었는데, 너무 서둔 게 화근이다. 앞으로는 질문을 받으면 생각을 정리하고 차근차근 대답을 해야겠다. 급한 성격도 고쳐야겠다."

그때 만약 이렇게 마음을 살펴주었다면 그 장면은 B상무에게 오히려 긍정의 자원으로 작용했을 것이다.

'히얼 앤 나우Here & Now'라는 말이 있다. 직역을 하면 '여기에 그리고 지금'이다. 어떤 사람들은 지금 삶에 집중하라는 뜻으로 해석하기도 한다. 지금 하고 있는 어떤 일일 수도 있고, 지금 이 순간일 수도 있다. 그런데 '히얼 앤 나우'는 이것보다는 좀 더 깊은 의미가 있는 말이다. '지금 여기에'를 마음의 관점에서 살펴보자.

지금 이 순간 내 몸에서는 어떤 감정이 올라오고 있는가? 기쁠 수도 있고, 불안할 수도 있고, 짜증 날 수도 있다. 그 감정들을 알아차림하고 연결된 생각, 갈망을 하나하나 살펴보는 것만으로도 마음의 평온함을 경험하게 될 것이다.

감정에게 물으면 답한다

당신은 오늘 당신을 만났는가? 내 안에서 어떤 역동逆動이 일어나고 있는지 호기심을 가지고 들어보고 싶은 마음은 있는가?

우리는 의도치 않게 자기 자신을 홀대하는 경우가 많다. 기상해서 취침하기까지 나의 하루를 영화로 만든다면 어떤 장면이 만들어질까 생각해보자. 나는 무엇을 위해, 누구를 위해 이렇게 열심히 살고 있는가?

세계적으로 저명한 CEO들은 명상을 삶의 중요한 요소로 생각하며 실천하고 있다. 링크드인LinkedIN의 CEO를 역임한 제프 와이너Jeff Weiner는 생각을 정리하기 위해 매일 명상을 한다. 세계적인 헤지 펀드Hedge Fund 중 하나인 브리지워터 어소시에이츠Bridgewater

Associates의 창립자 레이 달리오Ray Dalio는 자신의 성공을 만든 유일무이한 요소는 명상이었다고 말한다. 세일즈포스닷컴Salesforce.com의 창립자인 마크 베니오프Marc Benioff는 회사 내에 '알아차림 공간Mindfulness Space'을 만들 정도로 명상에 각별한 애정을 가진 CEO다. 그는 명상이 스트레스 완화뿐만 아니라, 직관력을 높이는 데 효과가 있다고 강조한다. 마이크로소프트Microsoft의 창업자인 빌 게이츠Bill Gates 역시 매주 2~3회 명상을 하면서 집중력을 향상시킨다. 오프라 윈프리Oprah Winfrey도 일생에서 가장 중요한 것 중 하나로 명상을 꼽는다. 페이스북Facebook의 CEO인 마크 저커버그Mark E. Zuckerberg 역시 집중력을 높이기 위해 명상을 생활화하고 있다.

명상瞑想, Meditation은 고요히 눈을 감고 차분한 상태로 자신에게 집중하면서 마음을 알아차림 하는 것이다. 이때 자신의 호흡을 관찰하는데, 산란한 마음을 집중시키기 위해 들숨과 날숨을 헤아리기도 하고 아랫배나 눈 등 신체의 일부에 집중하기도 한다.

하버드대학교 의대 허버트 벤슨Herbert Benson 박사는 기능성 자기공명 영상기록fMRI 장치를 이용해서 명상이나 이완 또는 일반 휴식상태에서 일어나는 두뇌활동의 비밀을 밝혔다. 명상을 통해 집중을 하고 통찰이 생기면, 주의 집중이나 의사결정 등에 관련된 뇌 영역의 활동이 활발해진다는 것이다.

마케팅을 담당하는 P그룹 H이사는 내성적인 성향으로 매사 고민이 많다. 팀원들이 올린 보고서가 맘에 들지 않아도 별다른 지적 없이 본인이 고치고, 누군가 업무로 힘들어하면 자신이 그 업무를 가져와서 해결해 준다. 그런데 언제부턴가 이런 자신의 성향을 이용하는 이들이 있다는 생각이 든다. 팀원들이 일을 대충해서 가져오기 시작했다. 뭔가 잘못 흘러가고 있는 것이 확실하다.

연말에 상사와 면담시간이 있었다. 상사는 지금의 자신을 현미경으로 보기라도 한 듯이 콕 짚어서 조언을 해주었다. 정확하고 논리적이고 체계적인 강점을 활용해서 팀을 그동안 잘 이끌어 왔는데, 앞으로는 감성적인 리더십과 직관력을 키워나가야 한다는 점을 강조했다.

그것이 바로 그가 항상 고민해오던 아킬레스건이었다. H이사는 어떻게 직관력을 키울 수 있을까?

먼저 내면의 소리를 들어야 한다. 그 내면의 소리를 듣기 위해서는 자신의 감정부터 알아차림 해야 한다.

자신의 내면에 귀를 기울인 적이 없으니 다른 사람들과 대화하는 것이 쉬울 리 없다. 직관력이 떨어지는 이유는 자신의 감정을 들으려 하지 않기 때문이다. 감정을 듣지 않으면 그 감정은 내면에서 미래에 대한 막연한 걱정과 불안으로 증폭되기 마련이다.

나 스스로 감정을 들어보는 연습을 해보자.

"지금 어떤 기분인가?" 스스로에게 물으면 그 감정이 대답을 한다. 이 질문과 대답을 계속 반복하다 보면 불안하고, 걱정스럽고, 갑갑하고, 답답하고, 때로는 화나는 감정도 만난다. 그러면서 내가 원하는 것이 무엇이길래 이런 감정들이 소용돌이쳤는지도 살피게 된다. 이때 앞서 말한 호흡을 함께 해주면 몇 배의 효과를 볼 수 있다.

진짜 나를 만나는 비결

명상을 종교적인 행위로 생각하는 사람들도 많다. 하지만 명상은 종교를 떠나 마음의 안정과 평화를 만들어 집중력을 강화시키고, 일과 삶에서 성과를 만들어내는 데 매우 중요한 역할을 한다. 매일 5분도 좋고 10분도 좋다. 방해받지 않을 공간을 마련하고 온전히 나 자신에게 집중하는 시간을 갖자.

습관화하기 위해 처음에는 다음 순서에 따라 연습하는 것을 추천한다.

1. 발바닥을 바닥에 붙이고 11자 모양으로 다리를 모은 다음 바르게 앉는다.
2. 눈은 정면을 향하게 하고, 웃음 근육인 입꼬리 당김근에 살짝 힘을 준다.

3. 어깨의 긴장감을 이완시킨다.

4. 들숨과 날숨의 흐름과 그 느낌을 확인한다.

5. 몸에서 집중할 지점을 정한다. 호흡에 따라 한 지점(가슴, 아랫배 등)의 움직임에 집중한다.

6. 타이머로 시간을 맞춘다.

7. 마친 후에 다음 질문을 하고 마음속 답을 들어본다.

- 마친 후, 느낌은 어떤가?
- 오늘 내가 해야 할 중요한 세 가지는 무엇인가?
- 그 세 가지를 어떻게 접근하면 좋을까?
- 오늘 나에게 힘을 주는 단어 한 가지를 정한다면?

명상은 조용히 나를 만나는 것이다. 그리고 내 안에 복잡한 시끄러움을 호흡이라는 도구를 사용해서 평온함을 찾고, 멈추어 서서 조용히 나를 들여다보는 것이다. 시간이 흐르면서 차츰 생각과 감정들이 정리 정돈 되고, 온전히 나에게 집중할 수 있게 된다.

명상을 해야 하는데 집중이 안 된다면, 깊은 들숨, 길고 균등한 날숨을 한 세트로 잡아 호흡수를 헤아리면서 심호흡에 집중해보자. 심호흡에 집중하는 그 시간만큼은 복잡한 생각들, 미래에 다가올 여러 갈망이나 불안들이 나로부터 멀어지게 된다. 이때가 진심으로 나를 만나는 소중한 순간이다.

당신 내면의 아이가 심통 났다

나는 명상심리를 공부하면서 내 안에 아버지에게 대한 분노가 있다는 것을 알게 되었다. 아낌없이 지원을 해준 아버지에 대한 분노가 왜 들어섰을까. 성인이 되면서 아버지에게 공격적으로 대하는 내가 만들어진 이유가 있었다.

아버지를 떠올리면 무섭고 공포스러운 감정이 올라왔다. 다혈질인 아버지가 화가 났을 때 과격한 언행을 쏟아냈던 장면들이 스치고 지나갔다. 그 장면 속에서 어린 나는 마음속으로 다짐을 했다. "나는 저렇게 살지 않을 거야! 나는 선생님이 되어서 이 시골을 떠날 거야!" 명상심리 공부를 통해 아버지에 대한 반감으로 고향을 벗어나려던 어린 시절의 나를 다시 만났다.

"아버지는 그때 왜 그랬던 것일까?"라는 질문에 답을 하며, 당신 역시 다혈질에 과격한 말을 서슴없이 했던 어머니, 내 할머니의 영향을 받았다는 것을 깨닫게 되었다. 그러자 아버지에 대한 분노는 측은지심으로 바뀌었다. 또 한편으로는 과도한 성취 지향적인 나의 성격이 바로 성공을 해야 집을 떠날 수 있다는 어린 시절 강박에서 출발했다는 점도 자각하게 되었다. 그리고 그 내면의 아이가 지금의 나를 있게 한 매우 고마운 친구라는 점도 알게 되었다.

나는 지금 왜 불안한 느낌이 드는 걸까?
―――――――――――――――

내면의 아이는 성인의 마음속에 존재하는 어린 인격이다. 심리학에서 많이 사용하는 개념으로 어린 시절에 충족되지 못한 욕구나 상처를 받은 순간에 해소되지 못한 감정과 생각들을 말한다.

만약 어린 시절 따돌림을 당한 경험이 있다면, 작은 것에서도 소외감을 느낄 수 있다. 완벽을 바라는 부모님 밑에서 훈육되었다면 완벽하지 못한 자신에 대한 존중감이 부족할 가능성이 크다. 부모로부터 공감과 사랑을 받지 않았다면 사랑을 확인하려는 경향이 있다. 어릴 때 누군가로부터 학대를 받았다면, 작은 상처에도 분노하는 아이가 존재할 수 있다.

25년간 공무원으로 재직했던 M은 초등학교에 입학하면서부터 대학을 졸업할 때까지 친구들의 따돌림, 폭행 등으로 고립감 속에서 살아야 했다. 그런 삶은 사회생활을 하면서도 계속 이어졌다. 불안, 우울, 공황장애 등과 같은 심적 고통이 심했던 그는 약물치료를 중단하고, 혼자서 명상 등으로 마음을 치유하고자 했다. 그러나 아쉽게도 심적 고통은 쉽사리 좋아지지 않았다. 길을 걸어가면서 땅이 꺼지는 것 같은 느낌에 그 자리에 주저앉고, 지하철 안에서 폐쇄공포증으로 호흡곤란을 느끼는 등 심각한 공황장애 증상까지 겪어 결국 퇴직을 해야만 했다.

M은 이후 명상 코칭을 받았다. 혼자서 마음의 소리를 듣겠다며 노력한 10년 세월 속에서 자신이 놓치고 있던 것을 찾았다. 마음이라는 것은 생각, 감정, 갈망의 합체이고 그것을 분명하게 분절해서 들어야 온전하게 마음을 만나게 된다는 것을 알게 되었다.

명상 코칭은 마음의 상처를 치유하는 것에 목적을 둔 코칭이다. 심호흡을 통해 평정한 마음의 상태를 만들고, 심적 고통을 받았던 과거의 장면을 떠올린다. 그 장면을 바라보면서 객관화하는 과정을 통해 사실은 무엇이고, 자신이 만들어놓은 시나리오는 무엇인지를 자각해 나가면서 마음의 버거움을 덜어내게 된다.

M은 명상 코칭을 통해 수십 년간 자신 안에 숨겨 둔 사건들 속에 방치되었던 '내면의 아이'를 하나하나 만나기 시작했다. 마음속

에 넘나드는 많은 생각, 감정, 갈망들이 그 내면의 아이와 연결되어 있고, 말하지 않았던 갈망과 욕구가 있다는 것을 발견하게 되었다. 무엇보다도 그가 지금까지 겪었던 수많은 사건들 속에는 분노, 억울함, 창피함 등 부정적 정서들이 점철되어 있었는데, 그 안에 또 다른 긍정의 빛 또한 있었다는 사실도 자각하게 되었다.

내면의 아이를 찾아 여행을 떠났던 그는 이제 마음이 하는 소리에 귀를 기울이면서 분명하게 알아차린다. 지금 올라온 감정은 어떤 것이고, 그 감정은 어떤 사건과 연결되었으며, 그 상황에서 내가 간절히 원했던 것은 무엇인지를 말이다.

K는 기발한 아이디어와 탁월한 사업 수완으로 동업자들과 함께 창업한 회사를 3년 만에 성공시킨 스타트업 CEO다. 정상 궤도에 오른 회사의 경영 일체를 동업자들에게 맡기고 자신은 다른 업종의 사업을 다시 시작했다. 그러던 중, 거래처로부터 결제 지연에 대한 항의 전화를 받게 되었다. 직원들 급여도 미지급 상태이고 현금 흐름도 최악의 상태. 더군다나 회사 명의로 엄청난 대출까지 되어 있다는 사실도 알게 되었다. 주주이면서 회사를 책임지고 운영하기로 했던 동업자들의 배신이 만들어낸 결과였다. 하루아침에 회사는 송두리째 날아가고, 회사 명의로 받은 부채를 고스란히 떠안게 되었다. 집을 팔아 급한 불부터 막은 그는 'CEO인 내가 해결하면 된다'라는 마음으로 피해를 입힌 동업자들에게 소송을 제기하기

는커녕, 불만의 소리 한마디 하지 않고 재기를 도모하고 있었다.

그러던 어느 날, 투자 유치를 위한 회의를 하러 가다가 공황장애 증상을 겪었다. 거의 40분간 땀에 흠뻑 젖은 상태로 아무것도 못 한 채로 그 자리에 서있을 수밖에 없었다. 이후 이런 증세가 계속되면서 무엇인가 처방이 필요하다고 느낀 K는 명상 코칭을 받게 되었다.

"지금까지 살면서 고통스럽거나 부정적 감정이 떠오르는 장면이 있는가"라고 묻는 코치의 질문에 딱히 떠오르는 게 없었다. K는 매우 긍정적인 사람이라 스스로 지금까지 하고자 했던 것을 다 이루며 살아왔고 앞으로도 그럴 자신이 충만하다고 믿었다.

코치가 다시 물었다. "정말 힘든 순간이 없었나요?"

그 질문을 듣자 그는 다시 생각에 잠겼다. 동업자들로 인해 멀쩡한 회사를 날렸고, 그들이 만들어놓은 채무를 그대로 떠안았다. 그럼에도 그는 어떤 불만도 내색하지 않고 의연하게 대응했다. 머리로는 자신이 감당해야 하고, 그럴 수 있다고 생각했다. 내면에서는 분노와 억울함의 감정이 넘실댔지만, 계속해서 눌러 놓기만 했다. 힘들어하고 분노하는 마음을 들어주지 않으니 내면의 아이는 심통이 났고, 그 심통은 공황장애로 찾아온 것이다.

K는 "정말 힘든 순간이 없었는가"라고 묻는 그 질문에 답하면서 사실은 자신이 힘들어도 힘들지 않다고 스스로 최면을 걸면서 살아왔음을 자각하게 되었다. 그는 그렇게 그동안 외면했던 내면의 아

이를 만난 것이다. 동업자의 배신 장면에서 느낀 감정과 생각들, 참아낸 것들을 직면하면서 마음속의 진짜 목소리를 알게 되었다.

    욕도 해주고 싶었고, 절규도 하고 싶었고, 주먹을 한 대 날리고도 싶었다. 하지만 자신은 그 모든 것을 해결할 수 있는 충분한 역량이 있고, 반드시 다시 재기해서 멋진 CEO임을 보여주겠다고 마음을 고쳐먹고 감내하게 된 것이다. 마음에서는 '제발 소리라도 질러'라고 외쳤지만 거듭 외면했음을 알게 된 그는 배신의 그 장면으로 돌아가 하나하나 챙겨보고, 그 장면이 사라질 때까지 심호흡하면서 내면의 아이를 달래주었다.

    그 시간 이후 신기하게도 수시로 떠올랐던 그 배신의 장면이 생각나지 않았고 공황장애 증세도 사라졌다. 그는 동업자들에게 어떤 행동도 하지 않았다. 그럼에도 이렇게 편안해질 수 있는가! 그는 내면의 아이를 무시한 데서 더 강한 반동이 왔음을 새삼 깨닫게 되었다고 말했다.

    다음은 내 안에 잠자고 있는 내면의 아이를 만날 수 있는 질문들이다. 이를 통해 어두운 그림자였던 내면의 아이를 빛나는 자원으로 전환시킬 수 있다. 꼭 명상 코칭 전문가의 도움이 없어도 된다. 스스로 묻고 답을 해나가면서 내면의 아이를 만나고 새로운 관점에서 깨달음을 얻을 수 있을 것이다.

1. 불현듯 불편한 감정이 올라오면, 그와 연관된 특별한 장면이나 기억을 정리해본다.
2. 그 장면을 떠올렸을 때, 올라오는 감정은 어떤 것인가?
3. 그 감정이 어떤 사건 때문에 올라온 것인가?
4. 그때 하고 싶었는데 하지 못한 것은 무엇인가?
5. 지금 몸에서는 어떤 반응이 감지되는가?
6. 지금 그 장면에 이름을 붙이면?
7. 지금 올라오는 감정은 어떤가?
8. 그 감정의 색깔은? 맛은? 물성은 어떠한가?
9. 감정의 크기는?
10. 여덟 번 심호흡을 하면서 그 장면을 계속 본다. 이것은 숨겨두었던 장면을 집중해서 보게 하는 장치다. 심호흡을 하면서 그 장면을 보게 되면 강력했던 장면의 색상이 흐릿해지고, 그 장면에 출연했던 사람들의 형체가 흩어진다. 결국 마지막에는 아무것도 남지 않게 된다.
11. 다시 바라본 감정의 크기는?
12. 여덟 번의 심호흡을 하면서 그 장면을 계속 본다. 불편하게 느껴지던 장면이 완전히 없어질 때까지 1번부터 10번까지의 과정을 반복한다. 마지막으로 그 장면이 완전히 없어졌을 때, 무엇을 느꼈는가? 그 장면이 나의 삶에 어떤 영향을 주었는가? 앞으로 같은 상황이 오면 어떻게 대처할 것인가?

어떤 상황에 직면했을 때, 무의식적으로 올라오는 감정이 있다. 갑자기 불안한 감정을 느꼈을 때, 지금 왜 불안을 느끼는지 탐색해야 한다. 지금 함께 대화를 나누던 사람들이 첨예한 입장 차이로 논쟁을 벌이다가 험악한 분위기가 되었다. 알지 못하는 불안이 나를 엄습한다. 그 순간 그 불안의 감정을 알아차려야 한다. 이 장면이 왜 이렇게 나를 불안하게 만들까? 내가 살아오면서 비슷한 장면에 노출되었던 적이 있었는지 살펴봐야 한다.

내면의 아이를 만나는 데는 용기가 필요하다. 대부분의 사람들은 굳이 나쁜 기억을 끌어내서 다시 그 고통의 장면을 마주하고 싶어 하지 않는다. 하지만 회피할수록 내면의 아이는 더 많이 활약한다. 반대로 그 내면의 아이를 온전하게 만나고 직면하면 할수록 그 이면에 있었지만 보지 못했던 긍정적 요소들을 찾아내게 된다. 그 힘든 상처에서 벗어남은 물론이고, 그 내면의 아이로 인해 자신이 지금까지 잘 살아왔다고 깨닫게 되는 긍정적 전환을 하게 된다.

관조 觀照 의 힘

머리가 복잡하고 개인적으로 해결할 문제가 산적해 있을 때, 당신은 어떻게 하는가? 그 정답을 찾기 위해 부단히 노력할 것이다. 전문가에게 자문을 구할 수도 있고, 컨설팅을 받을 수도 있다.

그러나 그럴싸한 대안을 앞에 놓고도 실행 의지가 생기지 않거나 열정을 더하고 싶은 마음이 올라오지 않는다. 왜 그럴까? 자신의 마음과 연결된 대안이 아니기 때문이다.

생각해보라. 살아오면서 어떤 행동변화를 시작할 때, 무엇이 당신을 움직이게 했는가?

코칭이나 강의를 할 때 "이 나이에 교육을 받는다고 사람이 변하겠습니까? 사람은 변할 수 없으니 너무 애쓰지 마십시오"라는 위로 아닌 위로를 하는 이들도 많이 만난다.

그런 사람들이 변화해야겠다는 의지를 굳히는 때는 외부의 도움을 받건 스스로의 의지에 의해서건 자신의 마음과 접촉된 바로 그 순간이다.

질문에 대한 답을 들어주면

소크라테스의 질문법을 산파술이라고 한다. 산파술이란 마치 산파가 산모의 출산을 도와주는 것처럼 사람들이 깨달음을 얻을 때까지 계속 질문에 질문을 더하는 것을 말한다. 그 질문에 답을 하면서 여러 가지 현상이나, 사실들에 대해서 새로운 자각을 하게 된다. 질문을 받고 답을 하며 자신을 좀 더 객관화해서 보게 된다.

심리학에서는 이것을 메타인지Meta-Cognition라고 한다. 메타인지란 자신이 아는 것과 모르는 것을 구분하는 능력이다. 말을 하는 순간, 말하는 나를 보는 또 다른 내가 있다. 말을 하는 동안에 또 다른 나는 내가 아는 것, 모르는 것, 잘하고 있는 것, 못하거나 안 하고 있는 것 등을 좀 더 객관화해서 볼 수 있다.

누군가가 나에게 질문을 해주고, 그 질문에 답하는 나를 잘 들어주면 메타인지는 더 강화될 수 있다. 그런데 우리는 질문과 그렇게 익숙하지 않다. 하는 것도 어색하고, 받는 것도 곤혹스럽다.

어떻게 해야 할까? 질문하는 것도 대답하는 것도 들어주는 것도 익숙해질 때까지 스스로에게 질문하고 답하고 들어보는 연습을 해야 한다. '질문을 하면 답이 나오고 그 답을 들어주면 더 깊은 이야기가 나오게 된다'라는 그 경험을 해보는 것이 중요하다. 질문을 할 때는 좌뇌를 자극하는 질문보다는 우뇌를 자극하는 질문이 효과적이다.

보통 우뇌를 자극하는 질문은 상상력과 감수성을 자극하게 된다. 예를 들면 다음과 같은 질문이다.

- 지금까지 살아온 나의 삶을 한 단어로, 앞으로 만들어가고 싶은 삶을 한 단어로 표현하면 무엇인가?
- 올 한 해 나의 삶을 동물로 은유를 한다면, 어떤 동물이 연상되는가?
- 저 창밖에서 지금의 나를 바라보니 뭐가 보이는가?
- 저 소나무(하늘, 시냇물 등)가 나에게 뭐라고 이야기하는가?
- 10년 후, 성공한 내가 지금의 나에게 어떤 이야기를 해주고 싶은가?
- 내가 세계에서 존경받는 리더 100인에 선정되었다. 그 이유

는 뭐라고 생각하는가?
- 아무런 제약이 없다면 꼭 하고 싶은 것, 5가지는 뭔가?
- 나의 리더십을 색깔로 표현한다면?
- 초등학교 시절로 돌아간다면, 가장 먼저 누구를 만나겠는가?
- 지금 나의 감정에 이름을 붙인다면 뭐라 하겠는가?
- 나에게 가족이나 회사는 어떤 의미인가?

A건설사의 현장소장 K는 임원승진을 앞두고 난관에 봉착해 있다. 지금까지 건설소장으로서 섬세하고 촘촘한 관리 역량으로 성공했는데, 그 강점이 하루아침에 약점으로 다가왔기 때문이다. 현장 실무 관리에 너무 집중한다는 점, 모든 것을 다 점검하고 가르치고 해결하려는 점, 큰 그림이나 미래를 잘 보지 못한다는 점 등이 약점으로 되돌아왔다. 큰 그림을 보면서 전략적으로 성과를 만들어가는 임원 리더십 역량을 보강하라는 미션이 떨어진 것이다.

지금까지 잘해왔는데 뭐가 문제라는 건지 모르겠고 답답하다. 도대체 어떻게 변화해야 하는지 일도 손에 잡히지 않았다. 아무리 생각을 해봐도 무엇을 어떻게 바꿔야 할지 잘 모르겠다.

그는 멘토 역할을 해주는 선배에게 조언을 구했다. 그는 선배에게 '임원 승진을 위해서는 리더십 패러다임을 바꾸어야 한다고 하는데 어떻게 해야 할지 모르겠다'라고 고민을 털어놓았다. 덧붙여 최근에 신축한 연수원 개관을 앞두고 대한민국 최고의 건축가가 와서 격찬을 해주었다는 이야기도 했다. 선배가 K에게 질문을 던졌다.

"그 건축 전문가가 뭐 때문에 격찬을 한 건가?"

그 질문에 그는 "그룹의 철학과 연계된 콘셉트를 설명하고, 전체 조감도 등을 드론으로 촬영해서 보여주었는데, 평면에서 볼 때와 다른 영감을 주는 연수원이라는 칭찬을 들었다"라며 열심히 자랑했다.

그 말을 들은 선배는 갑자기 생뚱맞은 질문을 했다.

"자네가 그 드론에 탔다고 생각해보면 어떨까. 높이 올라가 열심히 일하고 있는 자네를 보게. 뭐가 보이나?"

순간 당황스러웠지만, 이상하게도 그 장면이 자연스럽게 연상되었다.

"드론을 타고 올라가서 보니, 혼자서 모든 현장을 직접 관리 감독하려고 분주하게 움직이고 있는 제가 보이네요. 체계적이지 않은 느낌이고, 저 혼자 고군분투하는 모습이네요. 팀원들은 뭔가 불안해하고, 엉거주춤 제 지시만을 기다리고 있는 것 같아요. 아, 이러면 안 되겠네요. 중간 리더들에게 일임할 것들은 일임하고, 지적할 때는 따로 불러서 말해야 할 것 같네요. 다들 좀 힘들어 보여요."

K는 선배의 질문에 답을 하면서 많은 것들이 스치고 지나가는 것을 느꼈다. 낮은 곳에서는 시야의 한계로 보이지 않던 것들이 높

이 올라가면 갈수록 폭넓게 보였다. 자신의 리더십이 무엇 때문에 도전을 받고 있는지, 왜 리더십의 패러다임을 전환하라는 미션이 떨어졌는지 알 것 같았다.

이제는 변화해야 하는 시점이라는 것도 자연스럽게 성찰하게 되었다. 그동안 혼자서 고민했던 이슈가 짧은 시간에 명쾌하게 정리된 이유가 뭘까?

바로 관점 전환 때문이다. 지금 내 위치에서 바라보면 보이는 것만 보일 뿐, 객관적으로 관찰하는 데는 한계가 있을 수밖에 없다. 높은 위치에서 나를 내려다보면서 생각지도 못한 것이 단숨에 정리되었다.

관조觀照란 고요한 마음으로 사물이나 현상을 관찰하는 것을 말한다.

'저 위에서 내려다 본 당신은 어떤 모습인가? 우주가 당신에게 어떤 이야기를 하는가? 존경하는 롤 모델은 당신에게 어떤 이야기를 할까? 20년 후 성공한 당신이 지금의 당신에게 뭐라 할까? 저 의자에 앉아있는 당신에게 어떤 응원을 하고 싶은가?' 같은 질문으로 나 자신을 관조해보자. 지금 앉아있는 위치에서는 절대 찾을 수 없는 기적과 같은 나를 만나게 될 것이다.

4장

보스는 말을 담고
리더는 마음을 담는다

1장에서 우리는 왜 상대의 마음을 들어주어야 하는지에 대해 알아 봤다. 마음을 들어준다는 것은 그 사람에 대한 존중의 표시이고, 그 존중이 더해지면 자존감까지 케어해줄 수 있다는 점, 또한 상대의 마음을 들어주는 만큼 마음의 빗장도 열린다는 것을 알았다. 들어 주는 만큼 강력한 질문을 할 수 있다. 조직에서 창의경영을 위해서 는 마음 듣기를 통해서 공감해 주고, 창의성을 자극해야 함을 강조 했다.

    2장에서는 마음이 무엇이고 어떻게 들어야 하는지를 살펴봤 다. 외부에서 어떤 자극을 받으면 우리 마음속에 생각, 감정, 갈망이 가동해서 어떤 행동을 하게 된다. 그 어떤 행동이 현명하고 지혜롭기 위해 마음을 들어야 한다고 했다. 마음을 듣는다는 것은 지금 이 순간 느껴지는 감정과 거기에 연결된 생각과 갈망을 어떤 해석이나 판단 없이 있는 그대로 알아차림 해주는 것이라고 했다.

그러면 실제로는 어떻게 행동할 것인가의 관점으로 3장에서 스스로에게 먼저 적용해 볼 것을 제안했다. 경험하지 않은 리더십은 지식에 머문다. 3장에서는 실제 마음을 듣는 연습을 자신에게 적용해 보았다. 내 마음속의 소리 듣기, 평정심을 만들어주는 심호흡법, 조용히 나를 만나는 명상, 내면의 아이 만나기 등을 잘 해보았는가?

4장에서는 1~3장에서 이해하고 경험하고 자각한 내용을 기반으로 조직에서 어떻게 적용해 볼 수 있는지를 살펴보고자 한다.

대한민국 어느 조직이든 소통이 화두다. 세대 간의 갈등, 상하 간의 불통, 가족 간의 무통 등으로 말은 하지 않지만 고통 받고 있는 사람들이 많다. 무엇이 문제일까? 정말 이 간극을 좁힐 수는 없을까?

소통은 이야기나 정보가 잘 통하게 해서 서로 오해가 없는 상태를 만드는 것이다. 그런데 대부분 소통의 의미를 반쪽만 이해하는 경우가 많다. 말이나 정보가 잘 통하는 것이라고 이해하다 보니 "내가 이야기하면 소통한 것 아니냐"라는 식으로 생각하는 것이다. 이야기하는 것도 중요하지만, 서로 오해 없이 완벽하게 이해한 상태가 온전한 소통이다.

이번 장에서는 존재 그 자체를 있는 그대로 들어주는 방법, 마음을 담아서 대화하는 방법, 마음을 온전히 담아서 하는 발전적 피드백 방법, 경청의 고수가 되는 게임, 말을 예쁘게 하는 법 등을 살펴본다. 지금 당장 조직에서 활용할 수 있는 구체적인 내용이다.

사람을 어떤 기준과 잣대로 보는가

100세 시대가 본격화되면서 다양한 세대와 함께 하는 시공간이 늘고 있다. 그러면서 세대 간의 갈등, 좀처럼 좁혀지지 않는 불통의 이슈들이 더욱 불거지고 있다. 지금부터 접촉 빈도가 높은 가족, 친구, 직장동료, 선후배, 상사, 거래처 등 20명의 이름을 적어보자.

접촉 빈도가 높은 사람 20명

가족 _____

동료 _____

친구 _____

기타 _____

당신은 위에 적은 사람들을 어떤 기준과 잣대로 보고 있는가. 내가 좋아하는 사람과 그렇지 않은 사람, 내가 인정하는 사람 혹은 불신하는 사람, 편한 사람과 불편한 사람 등 다양한 사람들이 존재할 것이다.

내 마음속에 어떤 불편함도 올라오지 않는 사람이 한두 명이라도 있다면 당신은 지금까지 정말 잘 살아온 사람일 것이다. 그 사람의 모든 것을 인정하고 또 믿어주는 마음도 클 것이다. 반대로 불편함이 올라오는 사람이 있다면 무엇 때문에 불편한지, 왜 그렇게 되었는지 한번 돌아볼 필요가 있다. '내 자식이니까, 내 팀원이니까, 내 친구니까 이래야 한다'라는 판단이 앞서지 않았을까.

나 또한 그랬다. '워킹 맘'은 상상도 할 수 없는 90년대 초반에 아들, 딸을 출산했다. 육아휴직 제도는 불완전했고, 출산휴가도 2개월이던 시절이었다. 시부모님께서 아이들을 돌봐주신 덕분에 일과 육아를 병행할 수 있었지만, 아이들이 초등학교에 입학하면서부터 갈등이 시작되었다. 나의 성취욕을 아이들에게도 그대로 적용하며 몰아붙이기식으로 훈육하려 들었다. 통할 리가 없는데도 말이다.

아들은 초등학교 시절 등교할 때마다 위장장애를 일으켰다. 그때도 나는 해석을 했다. 꾀병이라고. 퇴근하고 돌아오면 모든 것이 마음에 안 들었다. 목표의식이 없는 남편, 자기가 하고 싶은 것만 하는 아이들. 혼자서 안달복달하면서 퇴근과 동시에 히스테리를 부리곤 했다. 아들은 갑자기 유학을 떠났고, 아나운서가 되길 바라는 엄마의 기대를 저버린 딸은 미대에 입학을 했다. 내 뜻대로 되지 않는 아이들을 보면서 많이 괴로웠다.

2007년 CJ푸드빌 경영지원실장 시절, 코칭 리더십을 알게 되면서 그 괴로움에서 벗어나게 되었다. 인간은 저마다 온전하고 독특한 존재이므로, 그 사람 자체를 인정하고 알아봐 주어야 한다는 깨달음을 얻은 결과다. 나는 성취 지향적이고 책임감이 강하고 매우 전략적인 특성을 가지고 있다. 반면 남편은 역사에 관심이 많고 프라모델 만들기나 온라인 게임을 매우 좋아한다. 아들은 분석적이고 배우는 것을 좋아하고 집중하는 성향이고, 딸은 공감을 매우 잘하고 예술적 감각이 뛰어나다.

예전에는 나의 관점으로만 가족을 해석하고 판단했다. 코칭 덕분에 가족들의 다름과 가치관을 존중해 주게 된 것이다. 얼마나 감사한 일인지 모른다.

세대 보고서도 편견이 될 수 있다

조직에서도 마찬가지다. 누군가 알아봐주지 않았지만, 아직 드러내지는 않고 있지만. 모두가 저마다 온전한 가치를 지닌 존재들이다. 함께 하는 사람들의 가치를 알아봐주고 인정해 주는 것만으로도 긍정적인 조직문화를 만들 수 있다.

C그룹 계열사의 D팀장은 품질관리를 담당하고 있다. 부서원들로는 한때 X세대라 불렸던 중간 관리자급 직원도 있고, Y세대라는 밀레니얼 세대도 있고, 갓 입사한 Z세대 신입사원도 있다. D팀장은 머리가 아프다. 선배사원이 후배사원을 멘토링해 줘야 품질관리 업무를 빠르게 배울 수 있는데, 각자 자기 입장에서 불만이 쏟아지고 있는 상황이다. X세대 선배는 "저 친구들은 도대체 무슨 생각을 하고 있는지 모르겠어요. 몇 번을 알려줘도 매번 제자리로 돌아오고, 이제 인내심도 바닥이 났습니다. 도저히 함께 일 못 하겠어요"라고 말한다. 또 밀레니얼 세대와 Z세대들도 나름대로 불만의 장벽을 만들고 있다. "차장님이랑 말하다 보면 숨이 막혀요. 질문을 하면 그냥 무시하세요. 그리고 계속 설명만 하니, 도대체 무슨 이야기를 하는지 연결할 수가 없어요. 큰 그림을 먼저 보여주고 세부적인 이야기를 하시면 좋겠어요."

처음에 D팀장은 일대일로 대응하다가, 이렇게는 안 되겠다 싶어서 팀원 9명을 한자리에 모이게 했다. 그리고 서로 알아가는 시간을 가져보자고 제안했다. 일단 팀원들에게 '가치 언어'를 공유해 주었다. 그리고 9장의 포스트잇을 주고 한 장에 한 명씩 이름을 쓰고 그 사람이 중요하게 생각할 것 같은 가치 또는 그 사람에게서 느껴지는 가치 언어를 적어보게 했다. 상당히 오랜 시간이 걸렸다. 일단 가치 언어에 대한 이해가 부족했다.

팀원들은 각자에 대해서 그 단어를 찾기 위해 무척이나 고민하는 모습을 보였다. 그 순간만큼은 오롯이 그 사람에게 집중하고 있다는 느낌이 들었다. 작업을 다 끝내고 공유하는 시간을 가졌다. 서로 협의하면서 한 것도 아닌데, 한 사람에게 모여진 포스트잇에 표현된 단어가 대동소이했다. 팀원들은 "그동안 상대를 이렇게 온전하게 생각해 본 적도 없고, 그 사람의 가치를 찾아볼 생각도 못했다"라고 말하면서 놀라워했다.

세대별 특성 보고서도 일종의 편견이나 해석이 될 수 있다. '밀레니얼 세대는 혼자 밥 먹는 거 좋아하고, 회사에서 회식은 절대 금물이고, 자기주장만 내세우고, 시간 외 일은 절대 하지 않는다'라는 해석. 과연 맞을까? 대부분 그렇다고 하더라도, 그렇지 않은 사람들도 꽤 있다. 밀레니얼 세대 중에서도 밤을 지새우며 일하기 좋아하는 친구도 있고, 아버지뻘은 됨직한 부장님과 변죽을 맞추어가면서 술잔을 기울이는 것을 좋아하는 친구도 있다. 특성 보고서에 국한하지 말고, 한 단계 더 들어가 그들 개개인을 온전하게 알아봐 주는 마음이 필요하다.

"당신은 어떤 가치를 중시하나요?"

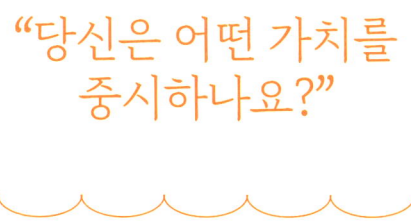

제임스 M. 쿠제스James M. Kouzes와 배리 Z. 포스너Barry Z. Posner는 리더십 분야의 명저인 『리더십 챌린지Leadership Challenge』에서 몰입을 높이는 방법에 대해 강조한다.

기업마다 중시하는 핵심가치가 있다. 기업에서는 조직 몰입을 위해 구성원들에게 조직 가치를 외우게 하고 자신의 것으로 만들게 해왔다. 그런데 이 책에서는 다른 시각을 제시하고 있다. 조직 가치도 중요하지만 개인의 가치도 같이 인지하고 적용할 수 있도록 해주어야 더 몰입할 수 있다는 것이다.

실제 비즈니스 코칭을 하면서 많은 이들에게 질문을 해보곤 한다.

"회사의 핵심가치는 어떤 것인가요?"

이 질문에는 거의 100% 답을 한다. 설령 기억이 나지 않더라도 사무실 액자나, 홈페이지, 수첩에 정리되어 있으니 항상 접할 수밖에 없다. 당연하다.

그런데 "○○○팀장님 개인이 중시하는 가치는 어떤 것이 있나요?"라는 질문에는 즉답이 나오는 경우가 극히 드물다. 아마 입사하는 순간, 나의 가치는 잠시 묻어두고 회사가 강조하는 가치에 맞추면서 살아왔을 것이다. 나 역시 그랬다.

하지만 이제는 변화가 필요하다. 회사의 가치를 내재화하는 것도 중요하지만, 나 자신의 가치도 인식하고 알아봐 주어야 한다. 나아가 함께 일하는 팀원들 각자의 가치도 알아봐 주어야 함은 물론이다. 가치는 의사결정 기준이나 삶의 철학 등을 말한다. 때문에 회사의 가치도 중요하지만, 구성원 각자의 가치도 중요한 것이다.

'회사의 가치는 이렇고 나의 가치는 이렇구나!'라는 인식이 중요하다. 더불어 팀원들과 리더 자신의 가치를 공유하고 팀원들 각자가 중시하는 가치를 물어봐 주는 것만으로도 새로운 관점을 볼 수 있게 된다.

중소기업 L대표는 그야말로 근면 성실의 아이콘이다. 산업화 시대의 역군으로 책임감 있게 회사를 꾸려온 세월이 30년이다. 새벽 6시면 출근하고 야근 아니면 거래처 관리를 위한 술자리로 밤을 꼬박 새워도 힘들지 않다. 근면 성실과 책임감을 삶의 철학으로 생각하며 살아왔으니 말이다.

그런 L대표는 직원들이 하나같이 못마땅하다. '믿을 사람이 한 명도 없다'라는 생각이 자꾸 든다. 주인의식을 발휘하는 친구도 없다. 한두 명 코드가 좀 맞는 친구가 있기는 하지만 그렇다고 마음에 쏙 드는 것은 아니다. 다들 열심히 일하지 않는 모습이 눈에 거슬리고, 퇴근 시간만 되면 칼같이 회사를 나서려는 직원들이 속으로는 못마땅하다 못해 한심하다.

그래도 어쩔 수 없다. 52시간 근무제니 워라밸Work-life balance이니 하고 떠들어대니 어쩔 수 없이 따르지만 속은 매일 부글부글 끓어오른다. 근무시간에 버젓이 이어폰을 끼고 일하는가 하면, 주어진 업무도 건성 건성인 것 같고, 해오는 결과물마저 신통치 않으면 더욱 화가 치민다.

L대표는 경영 코칭을 받으면서 코치를 만났다. 처음에는 미션이나 비전, 전략 등에 대해서 대화를 하다가 차츰 인재 육성에 대한 주제로 확장되어 나갔다. 내 마음 같지 않은 구성원들에 대한 불편한 마음도 언급하게 되었는데, 갑자기 코치가 L대표에게 같이 일하는 임원과 고위 간부 10명의 이름을 적으라고 했다. 그리고 그 사람들에 대한 신뢰 점수를 적어보라고 했다. 코드가 잘 맞는 두 명의 임원은 80점을 주었다. 나머지 중간 리더들은 대부분 30, 40점으로 적었다.

누구의 관점에서 이해하는가

"대표님의 그 신뢰 점수는 그들이 대표님을 믿는 정도라고 보면 될 것 같습니다. 믿음이라는 것은 상대적이니까요. 어떻게 생각하시는지요?" 코치의 말에 순간 L대표의 얼굴이 화끈 달아올랐다. 그럴 수도 있겠다는 생각이 스치고 지나갔다. 그러면서 내가 이들을 믿어주지 않은 결과인가 하는 생각도 들었다.

코치는 그 점수 옆에 평소 태도나 행동에서 보이는 그들의 가치 언어를 찾아 적어보라고 했다. L대표는 그들에게 걸맞은 가치를 찾기 시작했다. 신뢰 지수를 숫자로 표현하는 것은 단숨에 할 수 있었지만, 이 작업은 만만치 않았다. 그런데 가치 언어를 하나하나 찾으면서 '내가 그들을 정말 몰랐구나' 하는 마음이 올라왔다.

자신이 마음에 들어 하는 직원들에게 적용된 단어는 '겸손, 근면, 노력, 명예, 성실, 성취, 순종, 심사숙고, 야심, 용기, 전문성, 주인의식, 책임감, 충직, 헌신' 등과 같은 언어인데, 마음에 들지 않는 직원들에게 적용된 단어는 '공감, 긍정, 기쁨, 독창성, 발상, 사랑, 소통, 소신, 유연성, 자신감, 자존감, 재미, 조화, 즐거움, 창의성, 탁월함, 평등' 등이었다.

이렇게 정리를 해보니, L대표 자신뿐만 아니라, 구성원들 간의 가치 충돌도 만만치 않았겠구나 하는 생각이 들었다. 그동안 회사의 가치만 주야장천 강조했던 그는 구성원들과 함께 가치를 찾아주는 활동을 해보기로 했다.

"○○○상무는 개인적으로는 어떤 가치를 중시하나?"

L대표는 이렇게 물으며 자신이 배운 대로 가치는 삶의 기준점, 의사결정 기준점이라는 설명과 함께 가치 언어를 보여주고 찾도록 했다.

그러자 "가치를 물어봐 준 사람은 대표님이 처음이었다"라면서 뭔가 뭉클함이 올라왔다고 말하는 이들도 있었다.

L대표는 가치 경영이 긍정 효과를 가져 옴을 현장에서 느낄 수 있었다. 더 이상 가치가 다른 팀원들이 밉지 않게 됨은 물론이다.

장 프랑수아 만초니Jean-Francois Manzoni는 『확신의 덫』에서 '리더들은 자신을 과신하고, 모든 답은 자신 안에 있다는 착각에 빠져든다. 또 팀원들에게 꼬리표를 달면서 선입견을 갖게 된다'고 강조하고 있다. 또한 '심리학적으로 자신의 주관에 부합하는 정보만을 인식하는 '확증 편향' 때문에 자기가 보고 싶은 것만 보고 믿고 싶은 것만 믿으려고 한다'고 말한다.

우리는 말로는 다름의 이해를 강조하고 또 실천한다고 한다. 하지만 과연 누구의 관점에서 다름을 이해하고 인정하는가. 자각하지 못하는 사이에 우리는 이미 판단을 하고 있다. 그것을 자각하는 것이 첫 번째이다.

자각을 한 후에 어떤 판단도 해석도 없이 그 사람을 본다는 것은 그의 성품과 품성을 알아봐 주는 것이다. 성품 Nature은 타고난 기질이고 본성이라고도 표현한다. 품성은 후천적으로 훈련에 의해서 형성된 성품이다.

조직을 이끌어가는 리더라면 팀원의 가치(성품과 품성)를 충분히 알아봐 주고 인정해 줘야 한다. 그들이 그 가치를 인식하게 해주는 것만으로도 일과 삶에 더 몰입하게 해준다. 이것이 바로 인성 리더십이다.

하나 더*
가치의 언어 Activity

가치 언어로 그 사람을 인정해보자

다음은 가치 언어이다.

가족, 결의, 겸손, 공감, 공정성, 공헌, 관용, 근면, 긍정, 기쁨, 기지, 끈기, 나눔, 노력, 도움, 도전, 독립성, 독창성, 명예, 모험, 목적의식, 미래지향, 발상, 배려, 봉사, 변화 주도, 사랑, 사려 깊은, 성실, 성장, 성취, 소신, 소통, 순종, 승부, 신뢰, 신념, 신앙, 심사숙고, 아름다움, 안락함, 안전, 야심, 연결, 열린 마음, 열정, 예의, 용기, 용서, 우정, 유능, 유연성, 이상 품기, 이해, 인내, 인정, 자신감, 자율, 자존감, 잠재력 개발, 재미, 적응, 전문성, 절도, 절친, 정리 정돈, 정의로움, 정직, 조화, 존중, 주도성, 주인의식, 중용, 즐거움, 지성, 지혜, 진실성, 집중, 창의성, 책임감, 청결, 초연, 충직, 친절, 탁월함, 평등, 평온, 평화, 포용, 학습, 행동, 헌신, 화합 앞서 접촉 빈도가 높은 사람을 적었을 것이다. 그들 중 10명만 정해서 그 사람들에게 어울리는 가치 언어를 찾고 인정하는 활동을 해보자. 먼저 그 사람 마다에게 어울리는 가치 언어를 두세 개씩 찾아보자. 그리고 그 가치 언어로 그 사람을 인정하는 글을 적어보자. 작성한 글을 카톡이나 메시지로 전달해 봐도 좋다.

이름	가치 언어	인정하는 문장
○○○	창의, 유연, 재미	창의적이고 재미있는 ○○○님을 칭찬합니다.

화를 내면 하수,
화가 났다고 말하면 고수

D기업의 S이사는 상무 승진을 앞두고 있지만, 불같은 성격 때문에 수년째 고배를 마시고 있다. 사실 S이사는 내성적이고 인내심이 많은 사람이다. 다혈질도 아닌데, 왜 그렇게 화가 많은지 스스로도 이해가 안 가고, 답답한 심정이다.

평소 그는 대화할 때마다 온몸이 돌덩이 같은 느낌이 들 정도로 경직되는 것을 느낀다. 얼굴에도 심각한 기운이 감돌곤 한다. 항상 꾹꾹 참는 것을 미덕으로 알고 웬만하면 참는다.

그런 그가 리더십 코칭을 받게 되었다.

"지금 기분이 어떤가요?" 코치가 물었다. 그는 "갑자기 기분을 물으니 답하기 어렵다"라며 답을 피했다.

코치가 다시 물었다. "최근 2주 사이에 가장 많이 느꼈던 감정은 어떤 것인가요?"

그 질문에 그는 지난 2주간 자신이 무척 화가 났었다는 사실을 떠올렸다. 처음에는 참았는데, 결국 참고 참다가 폭발한 사건이었다. 팀원들이 시키는 일만 하거나, 그 시키는 일도 제대로 못하는 상황이 계속 발생했는데, 한두 번 참다가 자신도 모르게 화가 치밀어 올라 사무실이 떠나갈 정도로 크게 화를 낸 것이다. 일 년에 몇 차례 이런 일이 있었다.

'화를 내면 하수下手이고 화가 났다고 말하면 고수高手'라는 말이 있다. S이사는 처음에는 화를 내는 것과 화를 말로 표현하는 것에 무슨 차이가 있는 줄 몰랐다. 마음은 생각, 감정, 갈망TED으로 이루어져 있기에 이 세 가지를 함께 챙겨서 말을 해야 한다는 사실도 그때서야 비로소 알게 된 사실이다.

감정만 표출하면 마음을 온전히 전할 수 없고, 감정을 표현하게 되면 그 다음 자연스럽게 어떤 사건이나 생각 때문에 그런 것인지, 또 자신이 원하는 것은 무엇인지를 이야기할 수밖에 없다는 것도 새롭게 알게 되었다.

스스로 돌아보니 맞는 말이다. 그동안 불같이 화를 낸 상황들을 반추해 보니, 처음에 한두 번은 화가 나도 참고 인내하며 피드백을 해 주었다. 세 번째까지도 참았다. 그런데 계속 반복되는 상황이

오면 그동안 참았던 화가 폭발하는 패턴을 반복하고 있었던 것이다.

상황에 따른 마음 알아차림 대화

S이사는 코치의 도움을 받아 조심스럽게 마음을 담아서 표현하는 것을 시도해 보았다. 사실 감정을 이야기하는 것은 정말 어렵고 어색했다. 더군다나 감정 언어가 어떤 것이 있는지도 전혀 알 수 없었다. 감정 언어 목록을 코치에게 받아 읽어보기도 했다. 내심 효과가 있을까 하는 의구심도 들었지만, 일단 '화를 내지 않는 임원'이 되기 위해 지푸라기라도 잡는 심정으로 연습을 더해갔다.

다음은 S이사가 상황에 따라 마음을 담아 대화한 내용이다.

· **업무 피드백**
"김부장, 내가 지난번에 피드백한 내용과 다른 방향으로 보고서를 작성했네요." (나의 생각)
"아쉽고 안타깝습니다." (나의 감정)
"다시 한번 말씀드립니다. 유관부서 간의 첨예한 의견대립이 이슈입니다. 우리 팀의 입장을 A 방향으로 분명하게 정리해 주

세요."(나의 갈망)

- **회의 피드백**

"지금 나는 매우 당황스럽고 화가 납니다."(감정)
"왜냐하면 보고서 가이드라인을 주었는데도 팀원들이 자꾸 엉뚱한 결과물을 가져오니 말이죠."(생각)
"내가 원하는 것은 팀원들이 주인의식을 갖고 제대로 일해 주었으면 하는 것입니다."(갈망)

- **아들과의 대화**

"아들, 아빠가 너랑 대화하려고 몇 번이고 시간을 물어봤는데, 너는 항상 피하는 모습을 보였다."(생각)
"그런 네 모습을 보니, 섭섭하기도 하고 화가 나려고도 한다."(감정)
"아들이 아빠의 마음도 좀 헤아려주었으면 좋겠다."(갈망)

S이사는 직장과 가정에서 마음을 담아 말하는 과정에서 예전과 다른 성찰을 하게 되었다. 그동안 그가 리더십 교육을 받고 뭘 실행해도 구성원들은 잠시 놀랄 뿐, 변한 건 없었다. 그런데 마음을 담아서 이야기를 하자 그들의 변화하는 모습을 느낄 수 있었다. 그

것이 매우 고무적이었다. 예전에는 무조건 그 상황을 모면하기 위해 면피성 행동을 했지만 이제는 조금씩 의견을 내놓는 것을 보니, 그동안 자신이 팀원들을 너무 몰아붙였다는 반성도 들었다. 전혀 대화가 되지 않던 아들과도 자신이 먼저 감정과 갈망을 이야기하니 조금씩 마음의 문이 열리고 있음을 알게 되었다. 무엇보다 그냥 참을 때와 다르게 자신의 감정을 순간순간 이야기하니 마음도 점차 평안해지는 것을 느꼈다.

이후 S이사는 자신의 감정을 의도적으로 알아차리고 그 감정과 연결된 생각과 갈망을 찾으면서 스스로의 마음을 알아차림 하고 있다. 무엇보다 말로 그 마음을 표현해보는 연습을 계속하면서 격하게 분노하는 행동은 차츰 줄어들게 되었다.

마음 알아차림을 하고 마음을 담아 대화를 할 때는 구체적인 사실을 갖고 이야기하는 것이 좋다. 예를 들어 보고서 작성이 늦는 팀원에게 "왜 매번 보고서 작성이 늦는 것이냐"라고 말하는 것보다는 "이번을 포함해서 3주째 주간 실적 보고서 작성이 늦었다"라는 식으로 구체적인 수치를 제시하는 것이 훨씬 효과적이다. 어떤 사건으로 인한 생각은 최대한 간결하고 구체적으로 전달하고 현재 느끼는 감정과 앞으로 원하는 갈망도 분명하고 간결하게 말해야 상대에게 그 마음이 더 잘 전달된다.

굳이 말로 표현해야 안다, 발전적 피드백

피드백Feedback은 '입력과 출력을 갖춘 시스템에서 출력에 의하여 입력을 변화시키는 일'을 말한다. 심리학적인 의미에서는 '진행된 행동이나 반응의 결과를 본인에게 알려 주는 것'이다.

조직운영에서 피드백은 이루어낸 성과나 태도 등에 대해서 잘한 것과 부족한 것을 짚어주면서 앞으로 더 나은 성과로 연결해 나갈 수 있도록 돕는 과정이다. 피드백은 사실 그 사람에 대한 사랑이고 관심의 표시다. 그러나 그 사랑과 관심이 매번 좋을 수만은 없다. 성장과 발전을 위해 쓴소리가 필요한 순간도 있다. 그 쓴소리를 우리는 '발전적 피드백'이라고 칭한다.

비즈니스 코칭을 할 때, 가장 많이 다루게 되는 것이 바로 이 발전적 피드백이다. 앞으로 더 발전해 나가라는 의도에서 진행하는 것이다. 리더들은 좋은 의도가 담긴 피드백이지만, 이 발전적 피드백이 부담스럽고 때로는 두렵기까지 하다. '굳이 말로 표현하지 않아도 다 알고 있을 것'이라는 위안 아닌 위안을 삼으며 애써 외면하기도 한다.

발전적 피드백은 주는 사람과 받는 사람의 입장 차이가 있다. 주는 입장에서는 어쩐지 상당히 미안하고 무언가 지도 편달해야 할 것 같은 부담이 느껴지는 일이다. 잘못하면 감정이 상할 수 있으니 조심에 조심을 하게 된다. 받는 사람은 그냥 기분 나쁘다. '상대가 뭐라고 나를 평가하는가' 하는 생각도 하게 된다. 일단 오해의 장막부터 친다. 피드백을 하는 입장과 받는 입장은 이렇게 서로 교차할 수 없는 마음의 도로를 달리게 된다.

87년 삼성그룹에 입사해서 당시 모회사였던 CJ제일제당으로 발령을 받은 나는 기획, 전략, 신규 사업 검토 업무와 함께 계열사 경영지원실장, 빕스 사업부장, 단체급식 본부장 등 다양한 포지션을 경험했다. 일본 전문가로 입사해서 임원까지 될 수 있었던 것은 함께 일한 팀원들이 해준 피드백 덕분이었다.

조직을 이끌어야 하는 파트장이 되었을 때, 대단한 학력과 배경을 가진 팀원들을 이끄는 것이 버거웠다. 조직에서 오래 근무하고 기획조사를 거쳐 경영관리 경험을 했다는 것 이외에는 내세울 것이 없는 파트장. 이런 나에게는 특단의 무기가 필요했다. 그때만 해도 멘토링 시스템이나 리더십 배움의 장이 부족했던 터, 책을 통해서 리더십을 채워나가야만 했던 시절이다.

어떤 책인지는 기억이 나지 않지만, 책에서 '피드백'을 접하고 상당히 인상적이라고 생각했다. 파트장이 되면서부터 팀원들에게 피드백을 주고받는 시스템을 만들었다. 분기마다 만나서 업무성과나 자기계발 등에 대해 이야기해 주는 것이 나의 역할이었다. 그리고 팀원들에게 물었다. 내가 어떤 변화가 필요한지, 파트장으로서 역할을 잘하기 위해서 어떤 노력을 더해야 하는지에 대해서 말이다. 당시 조직 분위기에서는 파격적인 요청이었다. 파트장이 팀원들에게 자신의 치부를 자처해서 물어본 것이나 마찬가지였으니 말이다.

처음에는 '왜 이러시나' 하는 눈초리로 하나마나 한 피드백을 해주었다.

"일 욕심이 많다. 너무 철저하다. 보고할 때 발표 속도가 너무 빠르다. 주말 근무를 너무 당연시 한다." 이런 이야기들이 주로 나왔다.

이 중에서 한두 개를 집중해서 변화하고, 그 변화된 모습에 대한 피드백을 다시 요청했다. 대충 피드백을 해 주었던 팀원들은 자신들이 툭 던진 말을 수용하고 변화한 모습을 보고 놀라는 눈치였다. '그냥 요식행위가 아니구나' 하는 생각에 마음이 움직인 것일까? 횟수를 거듭할수록 진심이 담긴 피드백을 해주었다.

급기야는 부장 시절 바로 밑의 차장이 나에게 'MBA 과정을 들어야 임원이 될 수 있다'는 피드백까지 해주었다. 소위 '가방끈이 짧으니 공부를 더 해서 늘여야 한다'는 말이었다. 아무리 열린 리더여도 듣기 힘든 소리일 수도 있지만, 그 덕에 MBA에 도전하게 되었다. 나는 지금도 그때 크고 작은 쓴소리를 해준 팀원들에게 감사하고 있다. 그들의 피드백이 있었기에 지금의 내가 있다고 자신 있게 말할 수 있다.

지적은 누구나 한다

M그룹 S사업본부장은 전략 업무를 하다가 영업 현장으로 투입된 임원이다. 전략적으로 영업 업무를 하면서 유통망도 구축하고, 비합리적인 계약 관행도 개선하면서 많은 성과를 내고 있다. S본부장은 스스로 자신의 리더십은 완벽하다고 자평하고 있다. 현장의 문제 해결을 위한 의사결정도 신속하게 잘해주고, 대리점주와의 관계도 매우 우호적이라 지점장들 선에서 해결되지 않는 것은 전화 한 통이면 해결할 정도로 네트워크도 좋다.

그런데 '본부장이 너무 실무적으로만 집중한다'라는 지적과 함께 리더십 패러다임의 변화를 요청받게 된다. S본부장은 인사팀에서 온 피드백은 오류가 있을 수도 있고, 무엇보다 같이 일하는 팀원들의 의견이 중요하다고 생각했다. 자신의 리더십에 대해서 큰 불만이 없을 거라는 확신을 갖고, 어떤 변화가 필요한지 물었다. 솔직히 "잘하고 계십니다. 만족합니다"라는 피드백을 기대했다. 그러나 너무나도 놀라운 말을 듣게 된다.

"한 시간 회의를 하면 거의 한 시간 동안 이야기하십니다. 설명이 너무 많으십니다. 저희가 그래도 지점장인데, 하나부터 열까지 챙기실 때면 마음이 매우 불편합니다. 저희에게 일임해도 되는 것은 맡겨 주세요. 오히려 본부장님께서는 미래 방향과 전략, 조직문화 등에 신경을 써주시고, 현업은 맡겨주시면 좋겠습니다. 현장에도 매일 나오시는데, 대응하는 것이 매우 부담이 됩니다."

그는 의외의 피드백을 듣고 아연실색했다. 처음에는 충격이었다. 그런데 자신이 사업부장에서 사업본부장으로 승진을 했음에도 역할 전환을 하지 않았다는 것을 자각하게 되었다. 무엇보다도 S본부장은 진솔하게 자신에 대해 이야기를 해준 지점장들이 고마웠다. 만약에 그들이 이렇게 솔직한 이야기를 해주지 않았다면 그 자리에 그대로 머물 수밖에 없었을 지도 모른다. 그는 이 피드백을 계기로 본부장으로서의 역할과 책임을 다시금 재정비하는 시간을 갖게 되었다.

3단계 발전적 피드백 프로세스

상사가 팀원들에게 자청해서 피드백을 받아보는 것은 우리나라에서 그리 일반적인 상황이 아니다. 아직은 피드백이라고 하면 위에서 아래로 내려가듯 흐르는 것이 대부분이다. 리더에게 피드백은 숙명과 같다. 하기 싫다고 거북하다고 안 할 수 없다. 일 년에 최소한 2, 3번은 피드백 면담을 하는 것으로 못 박아두는 회사들이 늘어나고 있다.

피드백은 해 주는 사람도 받는 사람도 흔쾌히 수용할 수 있어야 한다. 조직 전체적으로 피드백 문화를 정착시키면 조직 내 많은 불협화음이나 빙빙 돌아가는 비효율을 제거할 수 있다.

하지만 '아' 다르고 '어' 다른 말 하나 차이로도 상대의 마음에 상처를 남길 수 있다. 그래서 피드백을 할 때는 반드시 상대방에 대한 배려를 토대로 실패를 최소화하는 프로세스를 적용해야 한다.

지적은 누구나 할 수 있다. 그런데 그 지적이 그 사람의 성장 동기가 될 수 있도록 하는 것이 관건이다. 싫은 소리를 들어야 하는 상대방의 입장을 고려해야 한다. 무엇보다도 경청 모드로 전환할 수 있는 장치가 필요하다.

다음은 발전적 피드백 3단계 프로세스이다.

1. 발전적 피드백 1단계: 먼저 양해를 구하라.

'아니, 잔소리를 하는데 무슨 사전 양해를 구해?'라고 할 수도 있다. 이런 생각이 오해를 만든다. 당신이 집중해서 경청하기 힘들듯, 그 쓴소리를 들어야 하는 사람도 경청 모드로 순식간에 전환될 수 없다. 양해를 구하게 되면 거기에 답을 하면서 경청 모드로 전환하게 된다. 그래야 초반에 하는 이야기도 온전하게 전달될 수 있다.

상사인 나는 피드백을 할 마음이 굴뚝같지만, 그 팀원은 다른 사정이 있을 수도 있다. 대화할 수 있는 상황인지 묻는 것 자체가 그 사람에 대한 배려다. 그래야 더 몰입해서 들을 수 있게 된다.

"○○○대리 내가 지금 한 가지 이야기하고 싶은 게 있는데 해도 될까요?"라고 양해를 구하는 순간, 팀원은 "네"라고 대답하면서 경청의 자세를 취하게 된다. 그 모습을 확인하고 다음 단계로 넘어가야 한다.

2. 발전적 피드백 2단계: 마음을 담아 이야기하라.

지금까지 마음을 담는다는 것은 어떤 의미이고 마음의 3요소는 무엇인지 계속 강조해 왔다. 쓴소리를 할 때 오해가 생기는 이유는 대부분 기승전결 없이 지적 사항만 딱 말하고 끝내기 때문이다. 어떨 땐 감정이 다치게 되고, 인간관계에 금까지 가게 된다. 때문에 마음을 온전히 담아 이야기하는 지혜가 필요하다.

마음을 담아 이야기할 때는, 쌍방이 서로 확인할 수 있는 객관적인 사실, 그 사실로 인해 내가 느끼는 감정, 그래서 내가 원하는 것이 무엇인지를 분명하게 정리해서 깔끔하게 이야기해야 한다. 두루뭉술하게, 애매하게 이야기하는 것은 절대 금물이다. 다시 한번 강조하지만 생각, 감정, 갈망TED 즉, 마음의 3요소를 분명하게 담아야 한다.

"자네는 매사 성실하지 않아. 앞으로는 좀 더 성실하게 행동해주면 좋겠네." 잘못된 마음 담기다. 서로가 분명하게 인정할 수 있는 사실이 수반되어야 한다. 성실은 주관적인 해석이기 때문에 합당하지 않은 접근이다.

"자네는 이번 주 회의 시간 때마다 5분씩 지각을 했네. 그로 인해서 다들 기다리기도 했고. 그런 행동을 반복하는 것이 매우 아쉽고 걱정스럽네. 앞으로는 회의 시작하기 5분 전에는 착석해 주었으면 하네. 회사 생활에서 시간 약속은 기본 중의 기본이네." 확실히 다르지 않은가? 관찰한 사실만 이야기하고, 주관적인 표현보다는 객관화할 수 있는 숫자로 표현했다. 원하는 것도 애매한 표현이 아니라, 분명히 행동에 옮길 수 있도록 간결하고 쉽게 이야기했다.

마음을 담아서 이야기할 때, 가장 중요한 것은 서로 논쟁이 되지 않을 분명한 사실을 말해야 한다는 것, 그리고 여러 가지를 동시에 피드백하면 안 된다는 것이다.

3. 발전적 피드백 3단계: 확인 질문을 하라.

완전한 피드백을 위한 한 가지 단계가 더 있다. 마음을 담아 이야기한 것에 대해 상대의 의견을 물어보아야 한다.

"지금까지 내가 이야기 한 것에 대해서 어떻게 생각하느냐?"라고 물어봐야 완결이다. 들은 내용이 사실이라는 것, 그 말에 공감한다는 것, 자신이 개선해야 할 것이 무엇인지 알았다는 것을 피드백 받는 사람의 입으로 말하게 하는 것이다.

이것은 말을 하면서 메타인지를 강화하고 스스로 동기를 얻게 자극하는 장치이다.

귀로만 듣고 끝나는 것이 아니라 그 쓴소리를 복기하게 하면서 스스로 성찰할 수 있도록 도와야 한다. 대부분 피드백을 하고 나서 이 부분을 놓치곤 한다. '내가 이렇게까지 얘기했으면 콩떡같이 이야기해도 찰떡같이 알아듣겠지'라고 여긴다. 천만의 말씀이다. 마지막 확인하는 부분을 간과하면, 반복적으로 같은 잔소리를 계속하게 될 가능성이 높아진다.

싫은 소리를 해야 할 때는

스타트업 회사 K대표는 프리랜서로 오랫동안 일을 했다. 1인 기업으로 회사를 꾸려오다, 사세가 확장되면서 직원을 채용하게 되었다. 직원이 일하는 것이 영 마음에 들지 않았지만 싫은 소리를 하는 것에 익숙하지 않았던 그는 직원들과 소통하는 일이 너무 어려웠다. 혼자 하는 일에 익숙했던 탓에 소통의 중요성도 잘 알지 못했다.

    게다가 대부분 지인의 소개로 채용한 사람들이라 혹여 마음이 상해서 회사를 그만둬버리면 이래저래 자신만 손해라는 생각이 컸다. 꾹꾹 참아가면서 일을 하다 보니, 매사 마음이 불편했다. 선배들이 사업을 하면서 일보다 사람이 더 힘들다는 이야기를 많이 했는데, 정말 통감할 수 있었다.

그러던 차에 'CEO를 위한 비즈니스 코칭'을 듣게 되었다. 경영자가 짚어야 하는 여러 요소들과 함께 소통을 하는 방법 등을 배우게 되었다. 그 자리에서 그는 자신이 소통을 잘해야 한다고 계속 생각했지만 정작 고민만 하고 행동에 옮기지 않았다는 것을 자각하게 되었다.

'경영은 소통이다. 그리고 소통은 경청이다.' 이 말이 강하게 각인되기 시작했다. 소통을 잘하기 위해 마음을 알아차려야 한다는 것, 그리고 귀로만 듣는 것이 아니라, 온전하게 집중하면서 상대가 말하는 생각이나 사실, 이야기 속 감정, 그리고 원하는 것이 무엇인지를 분명하게 분절해서 들어야 한다는 것을 배웠다.

또한 쓴소리를 할 때, 3단계 피드백 프로세스를 거치면 잔소리도 세련미 넘치게 할 수 있다는 사실을 알게 되었다.

쓴소리 할 때의 강력한 우군은 물음표다

K대표는 고민이 풀릴 것 같은 희망을 느꼈다. 먼저 발전적 피드백을 할 내용을 3단계 프로세스에 맞추어 정리해보았다.

"팀장님 제가 한가지 하고 싶은 이야기가 있는데, 해도 될까

요?"(1단계)

"그동안 인력 채용은 팀장님께 일임을 해 왔어요. 올해 2명의 신규 입사자가 있는데, 모두 팀장님 후배입니다. 공정하게 검증하셨을 거라 믿어요. 하지만 지금 분위기는 우려되고 걱정스러운 상황입니다. 팀원들 간에 파벌이 생기는 것 같고, 기존 멤버들도 겉도는 느낌을 많이 받습니다. 제가 바라는 것은 이왕 채용했으니 지인이라는 요소를 배제하고 팀워크 강화에 신경을 더 써주시기 바라고, 하반기에 채용할 직원은 공개채용으로 해 주시면 좋겠습니다."(2단계)

"제가 지금까지 드린 말씀에 대해서 어떻게 생각하시나요?" (3단계)

몇 번을 수정하면서 마음을 담아 문장을 완성했다. 혼자 연습에 연습을 해서일까. 입을 때는 것이 그리 어렵지 않았다. 마음을 담아서 진심으로 또박또박 전달했다. 그러자 그 팀장은 미안한 표정으로 말을 하기 시작했다.

"이렇게 이야기해 주시니 감사합니다. 팔이 안으로 굽는다고 채용 의사 결정할 때, 저도 모르게 이왕이면 하는 생각이 들었어요. 그리고 후배들이 편안해서 그렇게 결정한 면도 있습니다. 일을 하면서 ○○○씨는 잘못 채용했다는 걱정을 하고 있었습니다. 제가 결정한 거라 뭐라 말도 못 하고 걱정만 하고 있었습니다. 앞으로는 말씀하신 대로 팀워크를 강화하고 인력 채용은 좀 더 공정한 프로세스를 만들어 공유하고 진행하겠습니다. 오늘 주신 말씀이 저에게는 큰 자극이 되었습니다. 인력 채용을 정으로 하면 안 된다는 것도 다시금 되새기게 되었고요. 감사합니다."

K대표는 그동안 자신이 괜한 고민을 하느라 시간을 허비했다는 생각을 하게 되었다. 이렇게 마음을 담아서 이야기를 하니, 싫은 소리임에도 전혀 불편한 감정 없이 수용하고 앞으로 변화할 모습까지 이야기하는 것을 보며 놀랐다. '말을 어떻게 하는가에 따라 상대가 달리 움직이는구나!' 하는 큰 배움과 깨달음을 얻었다. 이렇게 속마음을 나누지 않았다면 혼자서 많이 힘들었을 것이고, 오해의 골도 깊어졌을 것이다.

사람과 대화하는 것이 두려웠던 K대표는 그 이후부터 누구와도 편안하게 대화를 이어갈 수 있겠다는 자신감이 생겼다.

쓴소리 리더십은 물음표로 시작해서 물음표로 끝나야 한다. 특히 마지막 확인 질문에 답을 하면서 자신의 잘못된 행동을 성찰해볼 수 있고, 변화를 해야 한다는 동기도 찾게 된다. 마음을 담아 자신에게 쓴소리를 해준 상사는 평생 은인으로 남기도 한다.

마음을 담아 이야기할 때, 부정적 감정 표현을 조심해야 한다. '짜증난다. 화가 난다. 돌아버리겠다'와 같은 자극적인 부정적 언어는 가급적 피해야 한다. 중도적 부정 감정 언어인 '아쉽다, 안타깝다. 걱정스럽다, 우려 된다'를 추천한다.

　실적 미달인 ○○○과장에게 한바탕 퍼붓고 싶지만, 잠시 마음을 정리하고 마음을 담아서 이야기해야 하는 대표의 상황이다.

　"○○○과장, 이번 달 실적이 미달이네요. 계속 이렇게 실적 부진이 이어져서 매우 안타깝고 걱정스럽습니다. 4/4분기에는 정말 분발해서 최소한 누계 기준 95%까지는 달성해 주기 바랍니다."

　이렇게 이야기를 하면 ○○○과장도 무조건 회피하려 들지만은 않을 것이다. 리더의 마음이 담긴 말에 자극을 받아 자신의 마음을 작동시키면서 실적 만회를 위한 자발적 노력을 하게 된다. 아무리 싫은 소리여도 거기에 마음을 담게 되면 보약이 될 수 있다.

하나 더*
발전적 피드백 Activity

"지금까지 내가 한 이야기, 어떻게 생각해?"

상황

아빠는 항상 딸에게 강압적이다. 사업가를 꿈꾸는 딸에게 "네가 무슨 사업을 해? 공부나 해"라고 무시한다. 경영학과에 가고 싶다는 딸에게 선생님이 최고라면서 교대에 갈 것을 종용한다. 부녀간의 대화는 항상 논쟁으로 확대된다. 급기야 딸은 방문을 닫고 들어가 버린다. 함께 차를 타고 이동할 때도 항상 전운이 감돈다. 무엇보다 딸이 우울한 기분을 호소하고 있어서 더 걱정이다. 당신이 엄마라면 아빠인 남편에게 어떻게 피드백을 하겠는가?

양해 구하기	
마음을 담아 이야기하기	
확인 질문하기	

양해 구하기	당신 내가 한 가지 이야기하고 싶은 게 있는데, 해도 될까?
마음을 담아 이야기하기	지난주에 딸이랑 대화할 때 경영학과 가겠다는 애 이야기는 전혀 들어주지 않고 무조건 교대를 가라고 하는 모습을 보고 많이 걱정되고 우려되더라고. 예민하고 스트레스도 많은데 일단 공감해 주면서 딸 얘기를 먼저 들어주면 좋을 것 같아. 그래야 편안하게 공부에 집중할 것 같아.
확인 질문하기	당신은 지금까지 내가 한 이야기에 대해 어떻게 생각해?

아무리 일 잘하고
성과를 낸들

최근 기업에서는 '말을 착하게 하는 리더'로 거듭나는 것이 화두다. 과거에는 성과가 좋으면 리더십의 경고등쯤은 눈감아주곤 했다. 요즘 리더십에서 빨간불이 들어오는 경우는 대부분 소통의 문제이다. 상대나 주변을 고려하지 않고, 세상이 바뀐 것을 감안하지 않고 내가 편한 방식으로 이야기하곤 한다. 그러다 보니 리더십 다면 진단에서 소통 리더십, 그중에서도 경청이라는 이슈가 메인 메뉴로 등장하는 경우가 많다.

보통 다른 리더십 역량들은 교육이나 코칭을 받으면서 개선이 되는 것이 눈에 보이지만, 소통 리더십 중에서도 경청만큼은 좀처럼 개선되지 않는다.

대부분의 기성 세대는 산업화 시대를 거치며 치열하게 살아왔다. 자신들은 훨씬 더한 말도 참아내면서 그 자리에까지 올라왔으니, 자신의 말이 상대에게 얼마나 큰 상처를 주는지 알아차릴 여유가 없다.

자신은 그것이 정답인 줄 알고 열심히 살아왔는데, 이제는 변화를 해야 한다고 강력한 챌린지가 오가는 상황이다. 아무리 일을 잘하고 성과를 내도 팀원들과 소통하지 않으면 안 되는 세상이 됐다. 그러니 이제부터 "말을 예쁘게 하겠노라"라고 선포를 하기도 한다. 그런데 어떻게 말을 예쁘게 할 것인가, 막막하기만 하다.

중공업 회사에 다니는 C상무도 평소 말을 과격하게 하는 편인데다 아랫사람들을 윽박지르듯이 말해서 팀원들이 늘 주눅 들어 있고, 일에 열정도 생기지 않는다는 피드백을 전달받은 상태다. 그가 너무나 공격적으로 말을 하고, 마음에 들지 않으면 서류를 던질 기세로 화를 내고, 자신의 경륜을 방패 삼아 팀원들의 새로운 아이디어를 무시해 버리는 언사를 서슴지 않기 때문에 업무에 몰입할 수 없고, 회의 시간만 되면 가슴이 벌렁거리는 울렁증에 시달리는 사람도 있다는 불만의 소리가 극에 달한 것이다. 예전에는 그런 피드백을 받아도 대수롭지 않게 생각했는데 이번에는 윗선에서 직접 코멘트를 한 터라 변하는 시늉이라도 해야 하는 상황이다.

그는 말을 예쁘게 하려고 부단히 노력을 했다. 그런데 노력을 하면 할수록 갑갑증이 올라왔다. 시도하다가 포기하기도 하고, 아예 입을 다물어 보기도 했지만 도통 변화도 해결방안도 보이지 않는 상황에서 임원 코칭을 받게 되었다. 코치는 말을 예쁘게 한다는 것이 어떤 의미인지 물었다. 갑자기 말문이 막혔다. 계속해서 예쁘게 말을 하겠다고 이야기 해왔는데 정작 그 의미는 정의해보지 않았다. 스스로 '상대에게 상처가 될 수 있는 과격한 단어를 지양하고 상대방의 입장을 충분히 공감해 주는 것'으로 정리했다.

과격한 단어 사용을 지양하고 상대방의 입장을 공감하기 위해 어떻게 해야 하는지를 논의하면서 코치는 마음이 무엇이고, 마음을 담아서 말하면 어떤 효과가 있는지를 알려주었다. 말을 예쁘게 하기 위해서는 마음을 담아서 말을 해야 함을 그때 비로소 자각하게 되었다.

예쁘게 말하고 싶다는 리더들에게

몇 번이고 롤 플레이를 해봤는데 말처럼 쉽지 않았다. 자신이 직면한 상황에 대해 명확히 인식하고, 자신의 감정이나 기분, 원하는 것을 분명하게 정리를 한 다음에, 깔끔하고 임팩트 있게 말하는 것이 생각처럼 잘되지 않았다. 수십 번 연습 끝에 조금은 마음을 담는다는 것이 어떤 의미인지 알 것 같았다.

C상무는 말을 예쁘게 하려면 마음을 온전하게 표현해야 함을 알게 된 이후로 의도적이고 의식적으로 마음 세 가지를 표현해 보고자 노력했다.

"아니 이걸 보고서라고 가져온 건가? 초등생도 이 정도는 할 것 같은데." (예전 화법)
"자네가 올린 보고서를 살펴봤는데, 도입이나 대안 탐색 등은 좋아." (생각-사건)
"그런데 결론 부문이 명확하지 않아 그 점이 매우 아쉽더군." (감정)
"우리 조직이 진행해야 하는 방안을 하나 정해서 앞으로 일정과 투입자원, 담당자 등 세부적인 내용까지 정리해서 보고서를 완결해 주면 좋겠네." (갈망)

"그래서 문제의 핵심이 뭔데? 그것도 파악하지 않고 보고하러 들어왔나?" (예전 화법)
"지금 자네는 나한테 보고를 하러 들어왔네. 그런데 그 사건에 대한 핵심 이슈를 명확하게 파악하지 못하고 있군." (생각-사건)

"나로서는 매우 아쉽고 걱정스럽네. 이제 팀장으로 승진도 해야 하는데 내가 매번 짚어줄 수는 없지 않은가?" (감정)
"이 문제의 핵심이 무엇인지부터 명확하게 파악해서 다시 보고해 주게. 더불어 해결방안도 생각해 보고해 주기 바라네."
(갈망)

C상무는 처음에는 머리가 터질 것 같았다. 그냥 직설적으로 이야기하면 될 것을 빙빙 돌려서, 그것도 마음까지 담아서 이야기하는 것이 낯 뜨겁기도 하고 곤혹스럽기도 했다. 그런데 2, 3주 계속해서 실천을 하고 또 해보니 확실히 예전과 다른 분위기가 보이기 시작했다.

예전 주간회의 때는 C상무 혼자 핏대를 세우며 이야기했는데, 마음을 담아서 그야말로 예쁘게 말을 하니 회의 시간마다 감돌던 고도의 긴장감이 조금씩 완화되어 가기 시작했다. 처음에는 어색했지만 나중에는 팀원들에게 "내가 요즘 예쁘게 말하려고 노력하는 중인데 어떤가"라고 물어보기까지 했다.

팀원들은 "예전에는 야단맞을까 봐 긴장하고, 잘못 이야기했다가 핀잔 받을까 봐 주저하곤 했는데, 부드럽게 이야기하시니 조금은 마음이 놓이면서 말을 해도 되겠다 싶은 생각이 듭니다. 조금 어색하기는 하지만 뭔가 마음이 편안해집니다. 정말 예쁜 말을 하고 계십니다"라는 피드백을 주었다.

이제는 C상무 스스로 뾰족한 각이 사라지고 있음을 느끼고 있다. 마음을 알아차리고 표현하는 것, 특히나 감정을 이야기하는 것이 말을 예쁘게 하는 핵심이라는 사실을 되새김하면서 오늘도 실천 중이다.

경청의 고수를
찾아주겠니!

경청의 고수를 찾아주는 게임이 있다. 일명 '경청 게임'. 진행 방식은 이렇다. 게임 참가자는 4명에서 8명 정도면 적당하다. 참가자 모두 둥글게 모여 앉는다. 모두가 반말로 말하고, 경청의 자세로 잘 들어야 하고, 들은 내용을 되물어주어야 한다. 경청을 너무 어려워하고, 아무리 교육을 받아도 실천하기 힘들다는 이들을 위해 직접 개발한 게임이다.

다음은 경청 게임의 규칙이다.

- 한 명이 자신의 마음을 생각, 감정, 갈망TED으로 정리해서 말한다.

- 말을 한 사람은 한 명을 지목해야 한다.
- 지목 당한 사람은 상대방이 한 이야기를 요약해서 되물어본다.
- 처음 말한 사람은 되물어오는 내용을 듣고 경청 만족도를 점수로 말한다.
- 만족도가 70점 미만인 경우, 벌금과 함께 다시 도전한다.
- 통과될 때까지 상대가 말한 마음을 되물어본다.
- 프로세스를 반복하면서 진행한다.

이 게임은 상당히 많은 요소들을 감안해야 하는 활동이다. 일단 반말을 하는 이유는 자신이 하는 말에 정성을 다하게 하기 위해서이다. 사회생활을 통해 만난 사이에서는 대부분 경어를 사용하는 경우가 많기 때문에 반말 규칙은 생각보다 쉽지 않다. 그래서 반말 규칙을 사용하게 되면, 먼저 머릿속에서 할 말을 정리 정돈 하게 된다.

마음, 즉 자신의 생각, 감정, 갈망TED을 표현해보는 것인데, 대부분의 사람들은 이 활동 자체를 곤혹스러워한다. 특히 남성들의 경우 감정 언어를 찾아서 말하는 것을 매우 어려워한다.

경청 게임이 흥미진진해지는 순간은 지목받은 사람이 상대가 한 이야기를 요약해 되물어야 하는데 엉뚱한 질문을 하는 경우다. 포복절도하는 상황이 만들어진다. 잠시 경청하지 않은 사이, 게임의 규칙을 어겨 몇 번이나 벌칙에 걸리면서도 무엇이 잘못된 것인지 몰라 쩔쩔매는 이들도 많다.

예를 들어보자. A가 먼저 말을 시작하고, B를 지목했다.

"나는 최근에 엄청 고민과 걱정이 많아. 왜냐하면 내년도 경영 전략도 짜야 하고, 신규 사업도 기획해야 하는데, 핵심 역할을 해주던 차장이 해외법인으로 발령을 받았어. 지금 남아 있는 팀원들하고 어떻게든 결과물을 만들어내야 하는데 그들이 잘해줄 수 있을지 걱정이야."

지목받은 동료 부장 B는 복사기 화법으로 되물어봐 주어야 한다. 어떻게 되물어봐야 할까?

B : "영업지점으로 발령이 날 때까지 그걸 모르고 있었다는 겁니까?"

A : "B는 30점. 지금 존대어를 썼다. 해외법인을 영업지점으로 잘못 들었다."(상대 이야기를 복사기 화법으로 먼저 물어봐야 하는데, 자신의 판단을 물어봤다. 당연히 만족도 점수는 낮을 수밖에 없다. 벌금을 내고 다시 도전한다.)

B : "이가 없으면 잇몸으로라도 해야지. 조직이 다 그렇지 뭐."

A : "40점."(벌금을 내고 다시 도전해야 한다.)

B : "내가 뭘 잘못하고 있는 거야?"(이 지점에서 게임의 룰을 다시 이야기해 주고, 잘못 들었으니, 다시 이야기해달라고 요청하라고 한다.)

A : "나는 최근에 고민과 걱정이 많아. 왜냐하면 내년노 경영전

략도 짜야 하고, 신규 사업도 기획해야 하는데, 핵심 역할을 해주던 차장이 해외법인으로 발령이 났어. 지금 남아 있는 팀원들하고 어떻게든 결과물을 만들어내야 해서 작전을 새롭게 짜야 할 것 같아."

B : "핵심 역할을 하던 차장이 해외법인 발령이 났다는 거야?"
(그제서야 A의 얼굴이 펴진다.)

A : "맞아. 그래도 70점이야."(B는 만족도를 높이는 핵심이 무엇인지 묻는다. 마음 즉, 생각, 감정, 갈망TED을 아주 간결하고 임팩트 있게 되물어봐야 함을 다시 깨닫는다.)

B : "내년도 경영전략도 짜야 하고, 신규 사업도 기획해야 하는데, 핵심 역할을 해주던 차장이 해외법인 발령이 나서 고민되고 걱정된다는 거지?"

자, 이제 얼떨결에 B는 성공을 하고 다음 사람을 지목할 차례가 된다.

B : "나는 너무 당황스럽고 마음이 불편해. 왜냐하면 이 경청 게임을 하면서 머릿속이 하얘지고 정신이 하나도 없었어. 내가 이렇게 경청을 못하는지 몰랐어. 경청 게임에서 배운 것을 가지고, 앞으로 사람들 이야기를 잘 들어주려고 해. C야 내 이야

기를 잘 들었니?"

C : "경청을 허술하게 하는 자신을 보면서 너무 당황스럽고 불편했구나!"

B : "어, 좀 기분이 별론데. 뭐지?"(C가 B에게 되묻지 않고 자신의 판단 언어로 했기 때문이다.)

이때 C는 B에게 자신을 어떻게 들어주었으면 만족도가 더 높아질지 묻는 것도 좋다.

B : "내가 앞으로 경청을 잘해보고 싶다는 이야기를 해주면 좋겠어."

C : "아! 자신이 경청을 제대로 못한다는 사실을 알고 당황스럽고 불편하기는 했지만 앞으로는 오늘 경청 게임에서 배운 것처럼, 다른 사람을 잘 들어주고 싶다는 거지?"

B : "맞아. 95점이야. 내 이야기를 정말 정확히 들어주네."(B는 이제야 '경청을 잘한다는 것이 바로 이런 느낌이구나'라고 깨닫는다.)

사실 B는 이 게임이 매우 불편하고 짜증이 올라오기도 했지만, 결국 상대를 경청해 주고, 또 상대가 나를 경청해 줄 때의 느낌을 온몸으로 경험하게 되었다. 심금을 울린다는 것이 어떤 것인지 경험하게 되었다고 말하는 B는 이후 복사기 화법으로 더 깊은 경청을 하려고 노력하고 있다.

얼마나 집중해서 들어야 하는지

사실 경청 게임은 잘못 운영하면 상당한 컴플레인이 나올 수도 있다. 고위직일수록 마음이 열리지 않은 상태에서 진행하면 불쾌해할 수 있다. 얼굴까지 붉히면서 어린애 장난 같은 이런 게임은 코칭 프로그램에 합당하지 않다는 사람도 나온다. 이럴 때, 그 사람에게 마음을 표현해보라고 요청한다.

다음은 참가자와의 대화다.

참가자 : "지금 너무 불편합니다. 왜냐하면 이 게임을 대수롭지 않게 생각했는데, 자꾸 틀리게 되고 다른 분들이 웃고 하니까 창피하기도 하고 영 불편하네요. 이제 이 게임은 그만하고 싶네요."
코치 : "경청 게임을 하면서 자꾸 틀리니까 창피하기도 하고 불편하시다는 거죠?"

그가 다시 이야기를 이어간다.

참가자 : "맞아요. 오늘 경청이 이런 거구나 배운 상태인데, 이렇게 과격하게 실습하는 것은 무리죠. 그것도 반말로. 어린애들 장난도 아니고 이게 뭡니까?"

코치 : "○○○님 입장에서는 충분히 무리라고 생각하실 수 있겠네요."

그가 했던 '무리'란 단어를 그대로 사용하면서 공감해 주었다. 그리고 정적이 흐른다. 그 참가자는 이때, 살짝 태도 변화를 보이기 시작한다.

참가자 : "아니 뭐, 게임 룰에 동의했으니까 무리는 아니고, 내가 잘 해보려고 하는데 안 되니까 짜증이 나서 그렇죠. 일단 하기로 한 거니까 한번 더 해봅시다."

코치 : "자꾸 해도 안 되니 짜증이 나시는 거죠? 이렇게 연습하시다 보면 정말 경청의 고수가 되실 겁니다. 한번 같이 해보시죠."

참가자 : (몇 번을 하고 나서.) "아, 이제 알겠어요. 들은 거를 다시 물어주니까 내 이야기에 집중해 준다는 느낌이 들고, 기분도 좋아지네요. 이 게임 덕분에 정말 사람들의 이야기를 잘 듣게

될 것 같네요."

분위기는 다시 해빙 모드로 바뀌었다. 경청 게임을 한 그들은 최소한 팀원들과 이야기할 때, 이 게임의 악몽과 현몽이 같이 떠오르면서 몸으로 익힌 경청을 현업에서 실천할 수 있게 된다. 반말로 하기 때문에 재미도 더해준다. 어린 시절로 돌아간 느낌으로 게임을 하기 때문에 우뇌도 자극되고, 오래 기억될 수 있다.

이 게임을 통해서 우리는 다른 사람과 이야기를 나눌 때, 얼마나 집중해서 들어야 하는지, 들은 것을 어떻게 반영해서 상대에게 되물어봐 주어야 하는지를 알게 된다. 제대로 듣고 되물어보면 상대의 얼굴 표정이 매우 긍정적으로 바뀌면서 더 적극적으로 이야기하기 시작한다는 것도 체험할 수 있다.

교육이 끝나고 많은 참가자들이 가장 인상적인 내용으로 경청 게임을 꼽곤 한다. 한참 후에 만나도 그 경청 게임은 오랜 추억거리로 회자된다.

5장

진짜 '잘' 들어주는 방법은
따로 있다

어떻게 듣고 있는가? 몸은 여기에 있지만, 마음은 다른 곳에 가 있을 수 있다. 내 생각과 판단의 바둑판을 보면서 바둑알을 던지고 있을 수도 있다. 보고 내용이 영 마음에 들지 않아 순간 창밖으로 시선을 돌리고 있을 수도 있다. 답답한 마음에 보고를 끊고 일장 연설을 할까 말까 고민 중인 사람도 있을 게다.

입장을 바꾸어 생각해보자. 내가 보고를 하는데 리더가 위와 같은 태도를 보인다면 어떤 기분이 들겠는가? 기분 나쁜 정도를 넘어 모멸감, 수치심까지 느낄 수도 있다. 리더의 위치에 있는 사람이라면 더욱더 잘 들어야 한다.

리더십 개발 컨설팅업체 젠거/포크만의 최고경영자CEO인 잭 젠거 Jack Zenger와 사장 조지프 포크만은 Joseph Folkman은 2016년 7월 하버드 비즈니스리뷰에 3,500명을 대상으로 한 훌륭한 경청자들의 행동 연구 결과를 발표했다. 훌륭한 경청자들은 다른 사람이 이야기할 때는 말하는 것을 멈추고 자신이 잘 듣고 있음을 얼굴 표정과 언어적 반응 Mmm-Hmm으로 표현해 주고, 더불어 상대가 말하는 내용에 대해서 단어 대 단어로 반복하면서 제안을 하거나 협력 관계를 높인다고 했다.

우리는 상대의 말을 잘 들어주겠다고 다짐하곤 한다. 그리고는 의식적으로 잘 들어주고, 이해해 주고, 공감해 주는 노력을 해본다. 정말 용기를 내서 도전해 보는 건데, 상대가 호응해 주지 않을 때도 많다. "애쓰지 마라. 어색하니 예전대로 하라"라는 말은 애써 올린 용기의 깃발을 슬며시 내리게 한다.

사실 제대로 들어주기 위해 많은 도전도 해봤을 것이다. 모래시계를 이용하기도 하고, 말하는 비중을 줄여도 보고, 입에 자물쇠를 단다는 마음으로 꾹 참아가면서 듣기 위해 고군분투했을 것이다. 그 많은 노력과 연습에도 불구하고, 더 나아지지 않았다면 들어주는 방법 자체가 잘못되었을 수 있다.

들어주는 다양한 노력을 소프트웨어로 생각해보자. 소프트웨어는 활발하게 돌아갔을 수 있다. 그런데 들어주는 환경과 같은 하드웨어는 적절했을까?

마지막 5장에서는 잘 들어주기 위한 하드웨어 즉, '경청 시스템'을 살펴보기로 한다. 여기에 소개된 내용을 다 잘할 필요는 없다. 한 가지만이라도 확실하게 내 것으로 만들어보는 것으로 충분하다. 다시 한번 강조하지만 경청은 결코 쉽고 간단한 것이 아니다. 그러나 어렵다고 손 놓고 있으면, 마음으로 소통하며 사람을 움직이게 만드는 리더십은 영영 포기해야 할지도 모른다. 아주 작은 실천으로 나만의 경청 시스템을 만들어 사람의 마음을 얻자.

리더십은
자세에서 나온다

지금 당신은?

평소 회의를 하거나, 면담을 할 때 어떤 자세로 앉아 있는가? 상대방을 어떤 각도로 응시하는지, 얼굴 표정은 어떤지, 허리를 바르게 펴고 있는지 등등 자신의 자세를 스스로 점검해보자. 다른 사람에게 대화하는 모습을 사진으로 찍어 달라고 해서 살펴봐도 좋다.

몇 백 명의 관중을 상대로 강연회를 한다고 가정해보자. 어떤 옷차림이 어울릴까, PPT는 어떻게 만들어야 매력적으로 보일까 등등 신경 써야 할 일이 많다. 실수를 줄이기 위해 몇 번의 리허설도 마다하지 않을 것이다. 자세는 어떻게 해야 하는지, 손짓, 몸짓, 관중과 호흡하는 방법 등에 대해 전문가 자문도 받을 것이다.

그런데 강연을 하다 보면, 그렇게 준비하고 자문을 받은 내용들이 순식간에 하얗게 사라진다. 내 몸이 받아들이지 않는다. 남의 옷을 입은 것 같은 어색한 느낌이 크다.

그래서 평소 자신의 자세를 관찰하면서 의도적으로 관리해야 한다. 어떤 자세를 했을 때, 자신감이 올라오는지, 은연중에 흐트러진 자세가 다른 이들에게 어떤 느낌을 줄지 등을 생각해보는 것이 좋다.

그 사람, 일은 참 잘하는데

기술 전문임원인 C는 내성적인 사람이다. 대면하는 것을 매우 힘들어하고, 회의할 때도 자료에서 눈을 떼지 않는다. 팀원들 얼굴을 보는 것도 불편하고 어색하다. 목소리는 매우 작고, 가늘고 힘이 없다. 회사 복도를 지나갈 때, 팀원들이 인사를 해도 받아주지 못한다. 그의 이러한 모습이 조직 분위기에 매우 부정적인 영향을 미치고 있다. 전사 최하위의 조직문화 점수가 그것을 보여주고 있다.

팀원들은 C임원의 리더십이 문제라고 입을 모은다. 유관 부서와 협의를 할 때도, 무조건 양보하고 안 해도 되는 일까지 떠맡아오는 통에 분통이 터질 지경이다.

일은 참 잘한다. 그가 전문가라는 건 누구나 인정한다. 그러나 '실력만으로는 안 되는 것이 있구나'라고 여겨질 정도로 심각한 상황이다. 일을 잘하는 것도 중요하지만 조직을 잘 이끌어가고 팀원들에게 영감까지는 아니어도 자극은 주어야 하는 것 아닌가!

C임원의 커뮤니케이션 방식에서 드러나는 문제점은 크게 세 가지이다. 첫 번째는 말을 할 때, 상대를 고려하지 않고 혼자 웅츠리웅얼한다는 것, 두 번째는 항상 어깨를 움츠리고 허리는 구부정한 자세로 대화를 한다는 것, 세 번째는 상대의 얼굴을 정면으로 보지 못한다는 것이다. 그에게는 어떤 처방이 필요할까?

우선 카리스마를 키워야 한다. 카리스마는 다른 사람을 매료시키고 사람들에게 영향을 미치는 능력을 말한다. 내성적인 사람도 얼마든지 자신만의 카리스마를 만들어 갈 수 있다.

미국의 심리학자인 로널드 리기오 Ronald Riggio는 30년간의 연구를 통해 카리스마의 6가지 요소를 말했다. 정서 표현, 말솜씨, 자신감, 열정, 예지력, 대응력이 그것이다. 이처럼 카리스마가 여러 가지 요소로 만들어지는 것이라면 누구든 자신이 지닌 요소 즉, 자질을 계발하는 후천적 노력으로 가능하다는 소리다.

자신감은 자세와도 많은 연관성이 있다. 다시 말해, 자세만 바르게 바꾸어도 내 몸에서 올라오는 긍정의 에너지를 느낄 수 있다.

이때 보디 스캔Body Scan이 도움이 된다. 보디 스캔이란 스캐너가 인쇄물을 스캔하듯, 의식적으로 몸 전체를 꼼꼼하게 살펴보는 것을 말한다. 내 몸에 집중해 주는 것이다. 방식은 간단하다. 눈을 감고 위쪽부터 머리, 눈, 코, 코 안, 입, 입안, 목구멍, 가슴, 배, 아랫배, 허벅지, 무릎, 발목, 발바닥, 뒤쪽으로 엉덩이, 허리, 33개 척추 마디마디를 거쳐 목덜미, 뒤통수, 팔, 팔꿈치, 손목, 손바닥과 등의 상태를 쭉 살펴보자.

1분 안에 할 수도 있고, 5분, 10분 동안 집중할 수 있는 시간을 안배해서 할 수도 있다. 집중하면서 내 몸을 살피면 자세 교정의 포인트를 발견할 수 있다.

카리스마를 더해주는 경청 자세 9

상대의 마음을 열 수 있는 자세를 소개한다.

1. 발은 바닥에 11자로 붙인다.
2. 몸을 바르게 하고 앉는다.
3. 33개의 척추뼈를 바르게 한다는 생각으로 허리를 펴고 앉는다. 특히 요추를 바르게 정렬한다.

4. 경직되어 있거나, 올라간 어깨의 힘을 뺀다. 의식적으로 힘을 뺀다는 생각으로 어깨를 한두 번 털어줘도 좋다.
5. 이제 얼굴 근육을 점검한다. 특히 입꼬리 당김 근육에 살짝 힘을 주어 웃는 표정을 만든다. 영어로 '잇 It'을 발음해보면 쉽다.
6. 눈에는 총기를 더한다는 마음으로 힘을 준다.
7. 상대의 얼굴 부위 중, 편안한 지점(인중)에 눈을 맞추며 응시한다.
8. 다리를 꼬는 것은 금물. 배를 쭉 내밀고 있지 않은 지도 점검한다.
9. 손은 다리나 책상에 올려놓는다. 팔짱은 절대 금물이다.

나도 모르게 만들어진 자세가 있을 것이다. 팔짱을 끼거나, 다리를 꼬거나, 배를 내민 채로 앉아 있다고 상상해보자. 당신은 물론 별다른 의도 없이 그런 자세를 취했을 것이다. 하지만 상대방은 다르다. 당신의 그런 자세는 '위압적이다, 깔보고 무시한다, 배척한다, 만족스럽지 않아 한다' 같은 부정적 기분을 갖게 만들기에 충분하다.

자세부터 점검해보자. 한 번에 위의 9가지를 모두 따라하기는 어려울 수 있다. 이 중에서 33개 척추뼈를 바르게 한다는 생각으로 허리를 펴는 것과 입꼬리 근육에 살짝 힘을 줘보는 것만 해도 좋다. 아주 작은 실천이지만 내 안의 자신감이 차오르게 하는 데 충분하다.

리더십은 자세로 완성된다. 카리스마도 결국 자세와 같이 밖으로 보이는 내면의 힘이다. 자세는 카리스마의 시작이다. 나의 바른 자세는 상대에게 존중받고 있다는 느낌을 주면서 대화에 집중하게 해준다.

스마트폰과 나를
분리하는 연습

지금 당신은?

스마트폰이 나의 일상에 얼마만큼 영향을 미치고 있을까? 기상에서 취침까지 스마트폰 없이 보내는 시간은 얼마나 되는지 살펴보자. 회의나 대화를 할 때 무심결에 스마트폰을 보고 있지는 않은가?

비즈니스 전문 코치인 만큼 나 스스로 매우 경청을 잘한다고 생각하던 시기가 있었다. 하루는 매달 독서토론을 하는 후배가 조심스럽게 입을 열었다.

"선배님은 항상 바빠요. 저랑 이야기하면서 계속 스마트폰을 보면서, 저에게 집중하지 않아요. 선배님 마음은 그렇지 않다고 믿지만, 살짝 무시당하는 기분이 들 때도 있어요. 저랑 만나면 언제나 그랬어요. 그래서 괜스레 시간을 빼앗는 것은 아닌가 하는 생각도 여러 번 들었어요."

그 순간 등에서 식은땀이 흐르면서 얼굴이 화끈거렸다. 후배에 대한 미안함은 물론 말과 행동이 달랐던 나 자신이 너무 부끄러웠다. 코칭 고객을 만날 때는 의도적으로 신경 쓰지만 그 외의 개인적인 만남이나 부담 없는 상황에서는 나도 모르게 스마트폰을 손에서 놓지 못한 것이다.

해외 리서치 기관 디스카우트Dscout에 따르면 현대인들은 스마트폰을 하루 평균 2,600번 터치하는데, 그중 상위 10%는 5,400번 만진다고 한다. 한국인의 하루 평균 스마트폰 사용 시간은 3시간 40분으로 2016년에 비해 2배 증가했고, 아무 목적 없이 스마트폰을 보거나, 스마트폰이 없으면 불안감을 느끼는 중독 증세를 호소하는 사람들도 많다.

혼자 마음만 바빴다

K상무는 그룹 지주사에서 미래전략 업무를 담당하고 있다. 경력 입사 4년 차. 촌각을 다투어 의사결정을 해야 할 것도 많고, 계

열사마다 쫓아다니면서 회의도 해야 한다. 물리적으로는 시간 관리가 어렵지만 나름 성공적으로 소프트 랜딩하고 있다고 자평하고 있었다.

연말에 HR 담당자가 리더십 평가 결과를 들고 왔다. 경청 리더십이 최하위 수준이라는 피드백이다. 팀원들이 주관식으로 작성한 항목을 보니, '투명인간 취급을 받는다. 대충 듣고 본인 생각으로 정리한다. 집중해서 보고하기 어렵다. 경청을 정말 안 해 준다'와 같은 내용이 보였다. 팀원들이 이렇게까지 생각할 줄은 몰랐다. 자신에게 누구도 이런 불만을 이야기한 적이 없었기 때문이다.

맹세코 팀원들이 보고할 때 의도적으로 대충 들은 적은 없다. 하지만 귀로는 보고 내용을 들으면서, 컴퓨터 화면을 보거나 스마트폰 메시지를 확인하기는 했다.

다들 자신이 얼마나 바쁜지 알고 있으니 모든 것을 이해해 줄 것이라 생각했지만, 오판이었다.

HR 담당자는 처리할 업무에 집중하다 보니 생긴 이슈일 것이라며 앞으로는 의도적으로 팀원들의 이야기를 잘 듣기 위한 방법을 강구하는 것이 좋겠다는 의견을 주었다.

K상무는 팀원들이 써놓은 불만사항을 참고로 해서 잘 듣기 위한 지침을 스스로 만들었다.

- 책상이 아닌 회의 탁자로 자리를 옮겨 보고받는다.
- 스마트폰은 책상 위에 두고 대화하는 것을 원칙으로 하되, 급한 연락이 올 경우 상대에게 반드시 양해를 구하고 받는다.
- 대화를 할 때, 상대에게 최대한 주의를 기울인다.
- 보고 내용을 집중해서 듣고 핵심 내용을 되물어보면서 확인한다.

솔직히 처음에는 이런 행동들이 일면 가식적이라는 생각이 들고 어색하기 짝이 없었다. 팀원들도 무슨 일인가 놀라는 기색도 역력했다. K상무는 팀원들에게 '경청을 잘하기 위해 여러 노력을 하고 있으니 함께 도와달라'라고 솔직히 이야기했다. 그러고 나니 좀 더 편안해졌다.

이제 K상무는 스마트폰을 곁에 두지 않고 보고를 받는다. 처음엔 혹시 위에서 찾는 것은 아닌지, 중요한 메시지가 와 있는 것은 아닌지 솔직히 불안했다. 그러나 회의는 길어야 1시간이다. 그 1시간 안에 무슨 큰일이 있겠는가? 회의가 끝난 후 확인해도 아무 문제가 없는 경우가 더 많았다. 단지 혼자서 마음만 바빠 조바심을 냈다는 것을 알게 되었다.

놀라운 것은 스마트폰 하나를 곁에 두지 않았을 뿐인데, 횡설수설하던 김부장, 한참 이야기를 하다가 맥을 이어가지 못하던 최차장, 항상 이야기할 때마다 주눅이 들어있던 이부장, 그리고 항상 얼굴이 굳어져 있던 박과장이 달라졌다는 점이다. 그동안 부자연스러운 대화의 주범이 팀원들이 아닌, 자신의 불성실한 경청 자세 때문이라는 것을 자각한 것도 큰 소득이었다.

2007년 스마트폰 사용이 본격화되기 시작한 이후, 사람들은 스마트폰과 물아일체의 지경에 이르렀다. 음식점에 가서 보면 그 단면을 볼 수 있다. 들어서면서 나갈 때까지 모든 사람들이 가장 집중하는 것은 스마트폰이다. 함께 앉아 있지만, 절대 서로에게 집중하지 않는다. 특별한 일이 있는 것도 아닌데, 무의식적으로 손이 간다. 카톡을 확인하러 들어간 김에 뉴스도 검색해보고, 새로운 메일은 없나 확인하기도 한다.

나 역시 무심코 스마트폰을 계속해서 확인한다는 것을 안 이후부터 조금씩 '의도적으로 스마트폰과 나를 분리하는 연습'을 해오고 있다. 강의할 때는 가방에서 꺼내지 않고, 대화를 할 때는 무음 처리를 해놓은 다음 엎어 놓는다. 컴퓨터 작업을 할 때는 1시간 타이머를 작동시킨다. 아주 가끔 스마트폰을 집에 놔두고 외출하기도 해본다.

솔직히 스마트폰이 내 손에 없다는 사실에 불안감이 들 때도 있지만, 스마트폰과 이별하는 그 순간, 좀 더 나 자신을 집중해서 볼 수 있고, 주변도 더 주의 깊게 살펴보게 된다.

절대 필기하지 마라

지금 당신은?

회의에 참석하거나, 교육을 받고 있거나, 면담을 진행하는 내 모습을 되돌아보자. 얼마나 자주 집중해서 필기를 하고 있는가? 핵심 단어만 적는가? 아니면 토시까지 다 받아 적는가? 필기하는 비중과 상대에 집중하는 비중은 어느 수준인가?

외국계 기업 J상무는 글로벌 경쟁사로부터 영입되어 왔다. 회의를 진행할 때 토론하는 것을 매우 선호하는 사람이다. 한 가지 주제를 가지고 다양한 관점으로 대화를 나누면서 좋은 솔루션을 찾아내고 싶은 마음이 큰데, 아래 6명의 파트장들은 하나같이 호의적이지 않다.

조직문화를 좀 더 유연하게 하려면 어떻게 할지 이야기를 나누어 보자고 화두를 던지고 허심탄회하게 이야기해 줄 것을 요청하지만, 다들 침묵을 지킨다. 답답한 J상무는 예전 회사에서 경험했던 사례를 들어가면서 여러 가지 제안을 한다.

J상무의 주옥 같은 말을 다들 열심히 받아 적는다. 고개를 끄덕여 가면서 말이다. 그러나 결국 혼자 이야기를 하고 회의는 끝난다. 회의에 참석한 사람들은 각각 어떤 것을 얻었을까? 아쉽게도 필기에 집중한 파트장들은 크게 얻어 간 것이 없을 가능성이 높다.

사회심리학자 커트 레빈 Kurt Lewin이 세운 미국 행동과학 연구소 NTL: The National Training Laboratories에서 학습에 참여하는 방식에 따라 24시간 후, 평균 기억률 차이를 나타내는 학습 피라미드 Learning Pyramid를 발표한 바 있다. 그에 따르면 듣기만 하면 5%, 읽기만 하면 10%, 듣고 보고 하면 20%, 시연을 해보면 30%, 집단토론을 하면 50%, 실습을 해보면 75%, 다른 사람에게 가르치면 90%가 기억에 남는다고 한다. 결국 학습효과를 높이려면 서로 토론하고 실습하면서 누군가에게 말해야 한다는 이야기이다.

심리학에서도 메타인지 Meta-cognition의 중요성을 강조한다. 앞서도 언급했듯이 메타인지는 흔히 '인식에 대한 인식', '생각에 대한 생각', '다른 사람의 의식에 대한 의식'을 말한다. 고차원의 생각하는 기술Higher-order Thinking skills로, 말하고 있는 나를 바라보는 또 다른 내가 있어야 가능하다.

말을 하는 나를 보면서 할 수 있는 것과 할 수 없는 것, 현실적인 것과 비현실적인 것, 필요한 것과 필요 없는 것 등을 구분하면서 자각 능력을 높이게 된다. 결과적으로 말을 하지 않으면 메타인지를 강화할 수 없다는 이야기이다.

말을 하게 하려면 어떻게 해야 하는가? 지금까지 수십 번 강조해 온 이야기이다. 잘 들어주어야 한다. 이때 최대 방해꾼이 필기다. 대놓고 필기하면 하수다. 필기를 안 하면 불안증이 올라오는 사람도 있다. 그런 경우, 키워드만 간단하게 적되, 내 앞에 앉아있는 사람에게 온 집중을 해야 한다.

사람을 움직이는 가장 강력한 무기

S그룹의 C부장은 국내 마케팅 업무를 하다가 해외 사업을 맡게 되었다. 매월 손익 보고, 자산현황 등 회사 전체를 보는 시각이 매우 필요한 포지션이다. 그런데 재무관리에 대한 기초지식이 없다 보니, 매월 손익 보고 회의가 부담스럽기 짝이 없다. 본부장 주재 회의를 하다 보면 머릿속이 새하얘지는 것 같다. 손익계산서 정도는

어떻게 따라갈 수 있겠는데, 갑자기 현금 흐름을 이야기하고 환차익이니 미수금이니 하는 대차대조표 항목이 나오면 그때부터는 정말 받아 적는 것만이 살길이라는 생각이 절로 든다.

성격 급한 본부장은 해외 사업 전체를 봐야 하니, C부장을 배려할 마음의 여유가 없다. 회의가 끝나고 나와서 팀원들에게 관련 오더를 내려야 하니, C부장은 열심히 받아 적는 수밖에 없다. 그러나 자리로 돌아와 받아 적은 내용을 정리하려고 다시 보면 도대체 뭔 말을 적어 놓은 것인지 하나도 모르겠다. 재무제표를 잘 모르는 상태라, 하나도 빠짐없이 필기하려 했던 것이 문제다. 그는 어떻게 대처해야 했을까?

이런 상황일수록 무턱대고 받아 적는 방식의 필기는 위험하다. 디테일한 내용에 신경을 쓰다 보면 큰 그림을 놓치게 된다. 먼저 본부장이 이야기하는 핵심이 무엇인지 파악하는 것이 중요하다. 그리고 잘 이해가 안 가면 물어봐야 한다. 본부장 입장에서는 열심히 필기에 몰두하는 C부장의 모습을 보고 제대로 알아들었을 것이라 여겼을 것이다. 본부장에게 양해를 구하고 중간중간 핵심 단어를 물어봤어야 한다.

'무조건 적고 보자, 적어야 산다'라고 생각하는 이들이 많지만 더 이상 통하지 않는다. 이제 패러다임을 바꾸어야 한다. 쓰는 것이 우선이 아니다. 들어야 한다. 그리고 들은 내용에서 핵심을 다시 물어보면서 자신의 것으로 만들어야 한다. 필기는 보험이 아니다.

10명이 모여서 회의를 한다고 치자. 말하는 사람만 빼고 모두가 계속 받아 적는다. 말하는 사람은 허공에 대고 이야기하는 느낌이 든다. 모두가 자기 세상에 빠질 수밖에 없다. 무엇보다도 회의를 주관하는 사람은 참석자들이 필기를 안 해도 안심할 수 있는 시스템을 만들어주어야 한다. 회의하는 과정을 키워드 중심으로 보드에 적어가면서 하는 방식도 좋다. 모두가 회의 내용을 필기하는 것에서 탈피해 회의 내용을 기록하는 스텝을 배치하는 방법도 있다. 다시 한번 강조하지만 필기보다는 서로 대화에 집중하는 분위기 전환이 훨씬 중요하다. 의사결정이 필요한 회의는 더욱 그렇다.

필기를 하게 되면 나중에 자신이 듣고 싶은 이야기만 담게 된다. 자신에게 유리한 쪽으로 해석해서 메모할 수도 있다. 이런 폐단을 막는 회의 규칙을 만들어 운영하는 것이 중요하다. 모두가 동일한 선상으로 회의에 몰입하고 최고의 결과물을 내기 위해서는 각자 필기보다는 집중해서 대화할 수 있는 토론 분위기를 만들어야 한다.

일 년에 3, 4번에 걸쳐 전 직원들과 일대일 면담을 하는 기업이 늘어나고 있다. 면담을 통한 성과 평가뿐만 아니라, 수시 면담으로 성과 관리는 물론 자기계발, 동기 부여, 리더십 육성을 하려는 목적이다. 그러나 서로가 분명한 목표점을 가지고 하는 면담이 아니다 보니, 집중하지 못하는 경우가 많다. 면담을 진행하는 상사도, 피 면담자도 만만치 않은 시간이다.

면담할 때, 오랜 습관대로 필기를 열심히 하는 리더들이 많다. 면담을 하기 위해 둘이 마주 앉았다. 서로 눈길 한번 안 주고 어색한 질문과 답변이 오간다. 대화를 하면서 리더가 과도하게 메모를 한다. 그러면 피 면담자는 더 집중하기가 힘들어진다. 눈은 자꾸 면담자의 노트로 간다. 필기하는 내용이 너무나 궁금해진다.

일단 앞에 있는 사람에게 집중해 주어야 한다. 경청에 방해되는 어떠한 행동도 하지 않고 안전하고 편안한 마음으로 몰입하게 해야 한다. 그래야 소기의 목적을 달성할 수 있다.

우리는 말하는 만큼 느끼고 자각하게 된다. 리더가 갈수록 바빠지고 일에 대한 부담감이 배가되는 이유도 말을 많이 하기 때문이다. 엄마가 갈수록 스마트해지는 것도 말을 많이 하기 때문이라는 우스갯소리도 있다. 그 대신 팀원들과 자녀들의 영민함은 갈수록 퇴보할 수밖에 없다. 말할 기회가 없으니, 자신 안의 무한한 잠재성을 보지도, 찾지도 못하게 된다.

팀원을 그리고 자녀를 인재로 키우고 싶은가? 그렇다면 그들의 입을 열게 하라. 기억을 위한 것이라면 간단히 키워드 메모만으로도 충분하다.

사람을 움직이게 하는 강력한 무기는 입을 열고 마음을 열게 하는 것이다. 상대의 마음을 노트에 새기지 말고 마음에 새겨보자.

판단과 해석을 멈추면
다가오는 것들

지금 당신은?

누군가의 이야기를 들을 때, 아무런 판단 없이 있는 그대로 들어준 경험이 있는가? 상대의 이야기를 판단하면서 듣고 있음을 자각하는가? 누군가 당신의 이야기를 들을 때, 판단 언어로 반응하면 어떤 기분이 들겠는가?

20년 넘게 화장품 사업을 해온 중소기업 P대표는 요즘 일하기가 너무 힘들다. 자신은 50대 후반, 직원들은 대부분 30대 초반이다. 자수성가로 사업을 키워온 P대표는 제품 하나하나에 철학이 있고, 글로벌 톱Top 제품도 있어서 좀 더 사업을 확장하고 싶은 마음이 크다. 그런데 직원들과 소통이 전혀 안 된다. 많은 것을 알려주고 싶고, 노하우도 전수해 주고 싶은데, 그들은 전혀 관심이 없는 눈치다.

다른 한편 직원들은 P대표에 대한 신뢰를 포기한 지 오래다. 자신들이 하는 이야기를 들어주는 것 같긴 한데, 나중에 보면 하나도 반영되지 않고 대표의 생각대로 이끌고 간다. 직원들은 열정적으로 새로운 것에 도전해 보려고 하다가 매번 다른 이야기를 하는 대표로 인해 실망이 커진다. 대표와 직원들과의 간극은 계속 벌어질 뿐이다.

P대표는 업에 대한 경험과 지식이 많고 인맥도 탄탄하기 때문에 의사 결정할 때 자신의 판단을 믿는 편이다. 직원들에게서 아무리 좋은 의견이 나와도 결국 대표 자신의 결론이 정답이라고 생각하는 사람이다. P대표에게는 어떤 성찰과 변화가 필요할까?

우리의 뇌는 크게 좌뇌와 우뇌로 구분된다. 좌뇌는 언어를 분석하고, 글이나 문장을 중시한다. 직선적이고 미래지향적이며, 계열적 사고를 지향한다. 우뇌는 많이 다르다. 전체 윤곽을 보고, 이미지나 직관을 중시하고 유사성을 찾아낸다. 유동적이고 자발적이며 흐름과 동작을 중시하며 동시적 사고를 한다. 현재 지향적인 특징을 지닌다.

미국의 신경학자 폴 맥클린 Paul D. Maclean 은 1967년 '삼위일체 뇌' 이론을 발표했다. 제1의 뇌, 파충류의 뇌인 뇌간에서는 호흡,

혈압, 심장 작동, 체온조절과 같은 본능적인 반응을 담당한다. 제2의 뇌인 포유류의 뇌, 변연계에서는 외부 자극에 따른 긍정이나 부정의 감정, 식욕, 성욕, 기억을 관여하며 상위 뇌로 전달한다. 제3의 뇌, 영장류의 뇌인 신피질(또는 대뇌피질)은 생각하는 뇌라고도 표현되며, 기획, 조직, 우선순위, 판단, 감정이나 충동 조절, 이성적 사고를 하는 영역이다.

대화를 할 때, 좌뇌와 우뇌를 균형감 있게 가동하면 좋겠지만, 어려운 일이다. 어릴 적부터 외우고 필기하고 판단하는 훈련에만 집중해 왔으니 당연하다. P대표도 마음은 그렇지 않을지 몰라도, 스스로 인지하지 못한 사이, 판단을 하고 자기중심적 의사결정을 하고 있는 것이다. 좌뇌와 신피질을 편향되게 사용해 왔기 때문이다.

O기업의 A이사는 어린 시절 아주 어려운 가정환경에서 자랐다. 건설 현장에서 아르바이트를 하면서 학업을 마친 그는 자식들에게는 그 가난을 물려주기 싫었다. 그런데 아들은 공부에는 관심이 없고 음악에만 온 정신이 팔려 있다. 그는 아들에게 그렇게 살면 안 된다, 무조건 대학은 들어가야 한다며 훈계를 한다. 하지만 아들은 "아빠의 삶과 나의 삶은 다르다"라며 자신의 삶에 대해 이래라저래라 할 권리는 없다고 반박한다. 그렇게 부자 관계가 멀어지기 시작했다.

A이사는 비슷한 또래의 자녀를 둔 친구와 만나서 아들의 문제

를 털어놓았다. 그 친구는 자신의 아들도 그랬다며 말문을 열었다. "그냥 아들이 원하는 삶을 살도록 해주어야 하는 것 아니겠냐"라고 말했다. 결국 아빠의 욕심을 내려놓아야 한다는 것이다. 기성세대 기준으로 해석하고 판단하는 행동만 고치면 자연스럽게 아들과의 관계가 개선될 것이라 말했다.

A이사는 "아들이 잘못된 길로 가는데 어떻게 그냥 놔두냐"라며 친구의 말을 인정하지 않았다. 그러자 그 친구는 "그것이 바로 우리의 판단이지. 가보지도 않은 길인데, 왜 잘못된 길이라고 예단하는 거냐?"라며 반문했다. 그러면서 아들이 무슨 이야기를 하건 판단하지 말고 먼저 들어주라고 당부했다. 덧붙여 아빠의 마음도 분명히 전달해야 한다고 말했다.

A이사는 지금도 머리가 복잡하다. 평생을 샐러리맨으로 살아오면서 임원까지 된 A이사는 아들의 감정이나 기분 따위는 안중에도 없었다. 그저 자신이 늘 정답이라는 착각에 빠져 있었던 것이다. 아들의 미래를 생각하면 그림이 그려지지 않아 너무 걱정스럽고 두렵기까지 하다.

그래도 친구의 조언대로 이 마음을 그대로 아들에게 이야기해볼 생각이다. 그동안 한번도 아들 이야기를 귀담아 들어준 적도 없고 자신의 마음을 표현해본 적도 없었다. 입장을 바꾸어 생각하니, 아들도 많이 힘들었을 것 같다.

소중한 사람들과 멀어지지 않으려면

위의 두 이야기는 어쩌면 우리 모두에게 해당될지 모른다. 소중한 사람들과 멀어지지 않으려면, 진심을 오해받지 않으려면 이제 달라져야 한다. 해석하지 않고 판단하지 않고 편향적인 자기주장을 멈추는 것. 이것부터 시작해 보자.

많은 사람들이 판단과 해석의 뇌를 멈추어보겠다고 다짐하지만, 마음처럼 성공하기 힘들다. 당연하다. 수십 년을 그렇게 살아오면서 굳어진 습관이 몇 번의 노력으로 효과를 보고 달라지기를 바라는 것 자체가 지나친 욕심일지 모른다. 그래도 도전해야 한다. 자신의 스타일이라며 고집스럽게 살아가기에는 앞으로 살아갈 인생이 아쉽지 않은가!

대화를 할 때는 의도적으로 해석과 판단의 뇌를 쉬게 해보자. 무조건 판단하지 말라는 이야기가 아니다.

판단을 했을 때는 그 내용을 전달하는 태도나 화법에 대해서 생각을 해야 한다. 솔루션은 다음과 같다.

- 앞에서 말한 경청의 자세를 만든 다음, 집중해서 들어준다.
- 상대의 이야기 중, 핵심 내용은 간결하게 되물어봐 준다.

- 상대의 얼굴에서 안도감과 긍정의 에너지가 올라오는지 확인한다.
- 나의 해석이나 판단 내용에 대해서는 사전 양해를 구하고 마음을 담아서 전달한다. "내 의견을 말해도 될까?", "자네 결론은 A인데 좀 아쉬움이 있네. 내 생각에는 B도 추가해 주면 좋을 것 같군."
- 판단의 의견을 이야기하고 나서, 상대에게 어떻게 생각하는지 묻는다. "지금까지 내가 한 이야기한 것에 대해 어떻게 생각하나?"

하나 더*
우뇌를 자극하는 질문

"당신의 인생을 동물로 표현한다면?"

리더십 강의를 할 때, 은유 기법으로 자신을 소개하는 활동을 하곤 한다. 지금까지 자신의 삶, 그리고 앞으로 살아가고 싶은 삶에 연상되는 동물을 찾고, 2분간 자신을 소개하는 것이다. 2인 1조로 진행한다. 시간제한을 둔 것은 주절주절 이야기하는 패턴에서 벗어나서 요점 중심으로 정리해서 말하는 연습을 병행하기 위함이다. 듣는 사람도 판단이나 해석 없이 일단 잘 듣고서 그 사람이 말한 인생 여정을 한 마디로 간결하게 되물어봐 주는 것이 미션이다.

리더십 과정에 참여한 M기업 A부장은 자신을 이렇게 소개했다.

"지금까지 열심히 일만 하면서 조직과 가족을 위해 모든 것을 바친 소처럼 살아왔다. 앞으로도 계속 소처럼 살아야 하는 줄 알았는데, 이 질문을 받고 생각을 바꾸었다. 앞으로는 자유로운 영혼을 지닌 자유로운 새, 앵무새처럼 살고 싶다."

당신이 이런 이야기를 들었다면 어떻게 반응하겠는가? 질문하고 싶은 것도 많을 것이다. 충고하고 싶은 부분도 있을 수 있다. 어쩌면 왜 앵무새가 자유롭다고 생각하는지 궁금하기도 할 것이다.

그런데 이 모든 나의 욕구를 채우기 전에 해야 할 것이 있다. 상대방이 한 이야기를 내가 잘 들었는지 확인해보는 것이 먼저다.

다음 중 어떤 사람이 제대로 들어준 것일까?

A: "저랑 비슷한 소로 살아오셨네요. 앞으로 자유로운 앵무새처럼 살면서 여행을 다니고 싶다고 하셨는데, 저랑 같이 여행이나 다니시죠."
B: "지금까지는 소처럼 살았는데 앞으로도 소로 살아온 그 힘을 받아서 자유로운 앵무새처럼 살아가실 것을 기원하겠습니다."
C: "지금까지는 소처럼 살았는데 앞으로는 자유로운 앵무새처럼 살아가고 싶으시다는 거죠?"

A는 세상사를 나와 연결하는 스타일이다. B는 전통적 훈시형 경청이다. 가장 잘 들어준 사람은 C다. C처럼 물어 봐주면, 한 단계 더 들어가서 깊은 이야기를 하게 된다.

"사실은 아버님 사업이 망해서 온 가족이 집도 없이 10년간 정말 힘들게 살았거든요. 자식들에게는 그런 가난을 물려주지 않으려고 정말 근면 성실하게 살면서 지금까지 왔는데, 이제 애들 결혼하면 저도 제 삶을 살고 싶네요."와 같은 이야기가 고구마 줄기처럼 딸려 나온다.

이때 다시 한번 상대방이 이야기한 핵심 내용을 되물어봐 주면 좋다.

"이제부터는 정말 선생님의 삶을 살고 싶으신 거네요?" 이렇게 마음을 다해 들어주고 공감을 해주면 울컥하는 마음과 함께 더 깊은 이야기를 하게 된다. 대화를 할 때, 최소한 이 단계까지 가야 비로소 들어주었다고 할 수 있다.

오감을 넘어
직관을 나누는 순간

지금 당신은?

대화를 할 때, 어떤 신체 기능을 이용해서 듣는가? 귀로만 듣고 있는가? 눈, 코, 입, 피부는 어떤 역할을 하는가? 더 나아가서 올라오는 직관을 상대에게 어떻게 전달하는가?

팀장 리더십 교육 프로젝트를 진행할 업체 선정을 위한 발표 자리. 담당자와 팀장 이외에 본부장부터 관련된 고위 간부들이 참석했다. 대부분 참석자들은 집중해서 들어주고 있는데, 최고 의사결정자인 본부장의 태도는 사뭇 다르다. 팔짱을 끼고, 다리를 꼬고 배를 쭉 내밀고 얼굴 표정은 경직되어 있다. 그가 보이는 몸의 언어는

'흥미 없다. 당신들 이야기를 잘 모르겠다'라는 느낌을 준다. 만약 이런 자리에서 당신이 발표를 하고 있다면 어떻게 하겠는가?

대부분의 경우, 신경은 쓰이지만 어찌할 도리가 없기 때문에 발표를 더 잘해서 본부장의 흥미를 높이려고 노력할 것이다. 여기서 본부장의 자세를 교정하도록 해야 한다는 생각을 하는 사람은 거의 없을 것이다.

결정권자인 본부장이 계속 그런 자세로 발표 내용을 듣게 되면 결국엔 몸이 보내는 신호와 같은 쪽으로 생각하게 될 가능성이 크다. 그러니 발표도 잘 될 리 없고 결론 역시 뻔할 것이다.

본부장이 스스로 자세를 바꿀 수 있는 계기를 만들어 주어야 한다. 간단한 질문으로 본부장이 말을 하게 만들 수 있다.

예를 들어 이런 질문이다.

"이번 프로젝트에서 본부장님이 기대하는 것은 무엇인가요?"

"본부장님이 팀장 시절, 리더십 교육을 받을 때, 좋았던 것은 무엇인가요?"

"본부의 조직문화를 색깔로 표현하면 어떤 색깔이 연상되는지요? 앞으로는 어떤 색깔로 조직을 바꾸고 싶으신가요? 그러기 위해 팀장들에게 바라는 것은 무엇인가요?"

이렇게 간단한 질문을 해서 본부장의 입을 떼도록 하고, 그가 말한 내용에 공감하면서 되물어주면 입도 열리고, 자세도 교정된다.

말을 하면서 자신과 접촉하고, 발표자가 공감을 해주니 긍정 에너지가 올라옴은 물론이다.

이런 활동에는 시간이 많이 들 것이다. 그러나 발표하는 자리에서 발표자가 '이런 질문을 하는 게 가능한가' 같은 판단은 미리 하지 말자. 사람의 마음을 열고 움직이게 만들 때 꼭 필요하다. 질문하고 그 답을 듣고 다시 되물어주는 것은 1, 2분 정도로도 충분하다.

대화할 때, 유달리 팔짱을 자주 끼는 사람에게 직접 묻곤 한다. "지금 계속 팔짱을 끼고 계신데, 혹시 어떤 불편함이 있으신지요?" 그 질문을 하는 순간, 대부분 팔짱을 풀고 자세를 바꾼다. 무심결에 했던 자신의 몸 언어를 자각한 것이다.

그러면서 말한다. "그거 아닌데요. 저는 그냥 편해서, 이렇게 하는 건데요. 배가 나와서 그게 부담스러워서 팔짱을 끼는 건데요." 여러 가지 이유가 나온다.

온몸으로 들어준다는 것은

『FBI 행동의 심리학』 저자인 조 내버로 Joe Navarro는 FBI 수사관으로 '인간 거짓말 탐지기'라는 별명을 가진 사람이다. 얼굴 표정이나 팔, 손, 다리, 몸의 변화를 관찰하는 것만으로 그 사람의 상태를 확인할 수 있다고 한다. 계산하고 판단하고 분석하고 해석하는 정직하지 않은 뇌(신피질)와는 달리, 감정이 올라오거나 생존 위협을 당했을 때, 손, 발, 몸과 얼굴 등에 행동을 지시하는 정직한 뇌(변연계)가 있기에 가능하다는 것이다.

불쾌, 혐오, 반감, 두려움, 분노 등 부정적인 정서가 올라오면, 긴장하게 된다. 그 반응으로 턱 근육의 경직, 콧구멍 팽창, 실눈 뜨기, 입술 떨림, 입술 꽉 다물기, 눈 초점 고정, 목 뻣뻣함 등을 볼 수 있다. 반대로 편안할 때는 얼굴 근육이 이완된다고 한다. 화가 나거나 두려울 때 사람들은 팔을 거두어들이고, 팔을 허리 양옆에 대는 것은 강력한 영역 표현으로 지배 욕구나 논란거리가 있음을 나타내고, 머리 뒤로 깍지를 낀 모습은 우월감이나 편안함의 표시라고 한다. 또 팔짱을 끼는 것은 불편함의 표시이고, 어깨가 한쪽으로 기우는 자세는 책임감 부족, 아는 것이 없거나 의구심을 나타낼 때는 양쪽 어깨를 으쓱하게 된다고 말하고 있다.

우리는 대화할 때, 그 사람의 말에만 집중하는 경향이 있다. 그에 못지않게 중요한 것이 그 사람이 표현하는 몸의 언어다. 때로는 말보다 더 진실된 정보를 나타내기도 한다.

때문에 잘 들어주고자 할 때는 귀는 당연하고, 눈을 열어야 한다. 들리고 보이는 것을 입으로 확인하는 과정을 더해야 비로소 제대로 들어줄 수 있는 것이다. 이목구비를 이용해 들어주어야 완벽에 가까운 경청을 할 수 있다. 온몸을 다해서 들어주라는 것은 이런 의미이다.

온몸으로 들어주는 것이 가능해졌다면, 다음 단계로 육감으로 들어주는 노력도 병행해 보자. 육감은 오감 이외의 감각으로 흔히 식스센스 Sixth Sense라고 한다. 혼자 걷다가 불현듯 스쳐 지나가는 느낌, 누군가와 대화를 하다가 강하게 올라오는 울림, 소름이 돋을 정도로 느껴지는 어떤 느낌, 충만함 속에서 올라오는 성찰 등이다. 통상적으로는 직감, 예감, 영감, 더 확대해서 직관直觀, Intuition으로 표현되기도 한다.

T대표는 자수성가한 사람이다. 어릴 적에 어려운 가정환경으로 자신의 꿈을 펼치지 못했다. 30대 후반에 자신이 하고 싶었던 경영학을 공부하고, 교육 콘텐츠 회사를 차려 꽤 탄탄한 회사로 키웠다. 직원들에게는 최고의 대우를 해주고 있다. 함께 성장하고 함께 회사를 키워가고자 노력하는 중이다.

그런 T대표에게 고민이 생겼다. 5년째 같은 자리에 머물고 있고, 그러다 보니 회사도 동력을 잃고 있다는 느낌이 든다. 미래를 준비해야 하는데 새로운 방향이 보이지 않아 갑갑한 상황이다.

그런 그가 경영 코칭을 받게 되었고, 코치와 대화를 하면서 많은 것을 정리할 수 있었다. 그리고 자신이 머물러 있는 이유는 미래에 대한 분명한 비전과 목표가 없기 때문이고, 회사를 키워 안정화

되면서 거기에 안주했기 때문이라는 점도 자각하게 되었다. 미래 목표도 세우고, 그 목표를 달성할 솔루션도 전략적으로 찾아내었다. 모든 것을 다 이룰 것 같은 희망의 에너지가 올라옴을 느꼈고 자신감도 생겼다.

"대표님, 미래 회사의 비전을 설정하고 그것을 이루기 위해 어떤 것을 해야 할지 솔루션도 찾아봤습니다. 어떠셨는지요?"

"정말 좋았습니다. 제가 그동안 정체된 것이 개인이나 회사의 미래를 분명하게 세우지 않아서라는 걸 알게 되었습니다."

"네 좋습니다. 그럼 지금까지 말씀하신 내용 중, 당장 실천할 것 한 가지를 말씀해 주시겠습니까?"

"아! 글쎄요. 공기업 맞춤형 프로그램을 개발해 볼까요?" (매우 자신 없는 목소리로.)

"대표님, 아까 미래를 설계하고 관련된 솔루션을 찾으실 때는 목소리에 힘이 느껴졌는데, 지금 실행하실 부분을 말씀하실 때는 목소리에서 자신감이 전혀 없고, 에너지도 안 느껴지는데요. 어떤 이유에서인지 여쭈어도 될까요?"

"그러게요. 저도 제 목소리를 들으면서 놀랐네요. 사실 막상 실행할 것을 말하려다 보니, 내가 할 수 있을까 하는 불안감이 올라오네요." 그는 자신의 무의식 속에 숨겨놓은 불안한 그 무엇이 있음을 알게 되었다.

이 대화가 직감과 직관을 사용해서 들어준 경우이다. 자신 없어 하는 상대가 그 상황을 인식하도록, 느껴지는 그 느낌을 전달하여 내면의 더 깊은 이야기를 이끌어내는 것이다.

이렇게 직감과 직관을 발휘하기 위해서는 어떤 방해요소 없이 그 사람의 모든 것, 말, 어조, 표정, 눈빛, 몸의 언어, 말하는 사이의 공간, 품성, 가치관 등을 해석 없이 있는 그대로 면밀하게 들어야 한다.

집중하면서 어떤 순간을 캐치하며 들을 수 있는 것이 직감이고, 그것을 듣는 사람 입장에서 이야기해 주는 것이 직관이다. 직관을 나누는 순간, 무의식 속에 자신과 만날 수도 있고 더 깊은 자신도 성찰하게 된다.

직감과 직관을 발휘하기 위해 스스로 연습이 필요하다. 먼저 오감으로 자신을 들어보라. 내 마음의 소리, 내 얼굴과 몸의 언어, 그리고 피부로 느껴지는 나를 보면서 들어보자. 그 과정에서 불현듯 올라오는 내면의 소리를 찾아내자. 그것이 나에 대한 직감이고 직관이다. 밖으로만 향하던 화살을 나에게 돌려서 내 마음의 울림을 만나보자. 그런 연습이 더해지면 자연스레 다른 사람들에 대해서도 오감을 넘어 직감과 직관을 발휘하면서 듣게 될 것이다.

배려도 말을 해야 오해가 없다

지금 당신은?

당신은 대화를 할 때, 상대가 말하는 것의 어디까지를 듣고 있는가? 상대의 말과 몸의 언어, 얼굴 표정 등을 듣고 있다면 하수다. 상대가 느끼는 기분이나 감정, 말하는 느낌 등을 알아차림 하면 중수는 된다. 그럼 고수의 경청은 어떤 것일까? 상대가 말하는 속뜻, 행간, 의도 등을 들어주고 더 나아가서는 그 사람의 품성이나 성품까지도 알아봐 주는 것을 말한다.

경청의 진짜 고수라면 내 귀에 들리지 않는, 상대가 말하지 않는 여러 가지 정보까지 세심하게 들을 수 있다. 얕게 들으면 얕은 마음만 접하고 만다. 깊게 들어야 상대의 깊은 마음까지 만날 수 있다.

지금까지 나는 3,200시간이 넘게 비즈니스 코칭을 해오고 있다. 고객의 대부분이 기업체 임원들인데, 특수한 상황이 아니면 순조롭게 코칭이 진행된다. 나 역시 기업에서 다양한 포지션을 경험했고, 그들이 고민하는 이슈 또한 똑같이 겪었던 것들이기 때문이다.

지금까지 내가 코칭한 수많은 기업 임원들 중에서 유독 아쉬움이 남는 고객이 둘 있다. 한 명은 전략담당 임원이었고, 또 한 명은 경영지원실장이었다. 나도 그룹 전략 업무를 담당했던 적이 있고, 계열사 경영지원실장도 역임해 봤다. 그 경험이 가져다준 예단 때문에 코칭에 실패하는 고배를 마셨다.

전략담당의 역할은 무엇인가? 조직이 나아갈 방향, 즉 비전 달성을 위한 전략을 다양한 관점으로 찾아 우선순위를 정해서 선택과 집중할 수 있는 가이드를 제시해야 한다. 그런데 그 전략담당 임원은 자신의 머릿속에는 대단한 청사진이 있지만 구성원들의 역량이 떨어진다는 이유로 혼자서 그 거대한 그림을 그려가고 있었다. '결국 나중에 팀원들이 메신저 역할을 해야 하기에 그들과 함께 전략 방향을 공유하고 접근해야 하지 않을까?'라는 아쉬움이 들었다.

뿐만 아니라, 나도 모르게 에고Ego가 발동했다. 그 임원이 분명 잘하고 있는 부분이 많았지만 우려되는 것에 대해서만 질문을 던졌다. 급기야 그 임원의 불편한 얼굴 표정을 맞이하게 되었다. 그 순간 그의 마음을 읽어야 했지만 또 타이밍을 놓치고 말았다.

며칠 후 코칭을 중단하고 싶다는 의사를 전달받았다. 인정도 해주고 잘하고 있다는 응원의 한마디도 했어야 하는 상황이었는데, 코치는 그 마음을 들어주지 않고 아쉬운 점만 지적한 것이다.

경영지원실장 코칭도 마찬가지로 아쉬움이 남는다. 규모나 업종은 다르지만 경영지원실장의 역할과 책임은 어느 기업이든 비슷하다. 대표를 보좌하면서 실무적으로 재무관리나 조직관리 등을 총괄하는 직책이다.

경영지원실장이 거대 조직을 직접 진두지휘하면서 변혁을 꾀한다는 것은 불가능하다. 그 경영지원실장은 생각이 너무 많고 머릿속에는 해결할 문제들로 가득 차 있었다. 코칭 받는 1시간 내내 반복적으로 상황을 설명하며 지금 무엇이 필요하고 자신이 어떻게 하고 있고, 회사는 어떻게 나가야 하는지를 이야기했다.

먼저 그 실장의 마음부터 들어주어야 했다. 그러나 그때 코치의 판단이 들어갔다. '이분은 매우 좌뇌적이다. 자신을 성찰하고 상황을 객관화해서 볼 수 있도록 도와야 한다. 중간 리더들에게 일정 권한을 넘겨주어야 하는데 아쉽다. 최우선 리더십 과제를 자각하게 해야 한다' 등의 생각이 넘실댔다.

결국 사전 양해 없이 그림카드를 이용해서 삶을 성찰하고 관조하는 활동을 했다. 그림카드 50장을 준비해, 3장을 고르면서 각각

과거의 나의 삶, 현재의 나의 삶, 미래의 나의 삶으로 정리해 보게 했다. 그는 등산하는 사진, 경주마가 달리는 사진, 숲길 사진을 뽑았다. 힘을 다해 등산을 하는 사진은 과거의 그였다. 어려운 가정환경 속에서도 굳건히 공부를 해서 입사한 자신으로 표현했다. 건강미 넘치고 카리스마 있는 경주마는 현재의 그로, 회사의 문제를 해결하기 위해 주말도 없이 전국을 돌면서 경영을 챙기고 있는 스스로를 성찰한 것이다. 메타세쾨이어 숲길 사진은 미래의 나, 이제는 치열한 현장을 떠나 조용하게 사색하면서 살고 싶은 마음을 표현한 것이다. 그는 이 활동을 통해 자신을 객관적으로 성찰해 보고, 관조해 보는 시간을 가졌다고 말했다. 마음의 짐도 내려가는 느낌이라고 했다.

그런데 3주 후 방문하기로 한 날이 임박해서 코칭 중단 통보를 받았다. 이 사례 또한 판단으로 인해 고객의 마음을 제대로 헤아리지 못한 경우이다.

그냥 답답한 마음을 이야기하는 것만으로도 마음의 무게감이 덜어졌을 수도 있는데, 그 마음을 열도록 들어주지도 공감해 주지도 못했다. 코치의 에고가 발동해서 감수성을 끌어올려야 한다는 판단이 코칭 중단 사태로까지 몰고 간 것이 아닌가 하는 자성을 해본다.

코칭을 하는 목적은 솔루션을 주기 위함만은 아니다. 상대가 자신 안에 무한한 잠재력이 있음을 믿고, 그 잠재력을 터치해서 더 나은 삶을 살 수 있도록 자각하게 도와주고 지지해 주기 위함이다.

회사에서건 집에서건 우리가 '꼰대'가 되는 이유는 상대의 말을 그대로 듣지 않고, 나의 에고로 판단하기 때문이다. 자신의 얄팍한 경험으로 솔루션을 주려는 마음만 멈춰도 꼰대는 면한다. 그 생각을 접고, 상대의 마음에 귀 기울이면 생각지도 못했던 놀라운 일들이 벌어질 것이다.

과도한 배려가 불러온 오해

H그룹 D이사의 팀원 중에 워킹 맘 B차장이 있다. 일은 열심히 하는데, 항상 이사인 자신에게 불만이 있어 보이고, 공식 석상에서 과격한 멘트를 날리기도 한다. 왠지 그 차장과 회의를 하거나 면담을 하면 긴장부터 하게 된다. 자신이 상사인데 오히려 그 차장의 눈치를 보게 된다. 여차하면 남녀 차별이니, 성희롱이니 이슈가 될 수도 있으니 최소한의 대화만 하려고 한다. 남자 후배들은 호되게 야단치고 술 한번 마시면서 풀기도 하지만, 여성 팀원들은 그러기도 쉽지 않은 상황이다.

그러나 자꾸 피할 수만은 없는 노릇이었다. D이사는 차를 마시면서 대화를 시도했다. 용기가 필요한 순간이었다. 최대한 평정심을 유지하면서 물었다.

"혹시 나에게 불만이 있는지, 있다면 이야기를 해달라"라고 했다. 그 차장은 너무나도 단호하게 "없다"라고 했다. 예전 같으면 "그러냐"라며 면담을 끝냈을 것이다. 순간 석연치 않은 느낌이 몰려오면서 '여기서 멈추면 안 되겠다'라는 생각이 들었다.

"그런데 B차장은 요즘 상당히 예민해 보입니다. 사람들 많은 데서 그 감정을 참지 못하고 분출할 때도 있는 것 같고, 왜 그런지 이야기를 해주면 좋겠는데요"라고 말했다. 그러자 B차장은 조심스럽게 말문을 열었다.

그녀의 불만이자 오해는 리더인 D이사가 남성 팀원들만 챙긴다는 것이었다. 자신은 차장이 되면서부터 자꾸 왕따를 당한다는 생각까지 든다고 했다. 회식 자리에 배제되고, 남성 후배 사원에게 중요한 의사결정을 전해 들어야 하는 상황이 반복되면서 엄청 스트레스를 받고 있다고 했다. 퇴사까지 생각할 정도로 마음이 복잡하고, 무겁다고 했다. D이사는 그녀의 이야기를 듣고서 당황스럽고 놀랐다. 전혀 그런 마음이 없었고, 그렇게 행동하지도 않은 것 같은데 상대는 너무나 높은 오해의 장벽을 쌓아놓고 있었다. 감정을 추스르기를 기다렸다가 이야기를 이어갔다.

"B차장 그건 정말 오해입니다. B차장이 일 잘한다는 사실은 우리 회사 누구나 아는 것이고, 나 또한 그래요. 회식에 부르지 않은 것은 워킹 맘인 B차장을 배려하는 마음에서 그런 건데, 내가 잘

못 생각했네요. 갑자기 회식을 하게 되는 바람에 아이 때문에 참석이 여의치 않은 상황일까 봐, 사전 예고 없이 진행된 회식에 억지로 오라고 하면 오히려 곤란할 것 같아서 어쩔 수 없이 우리끼리 간 건데, 오해할 만합니다. 큰일 날 뻔했네요. 우리 팀에서 B차장 역할이 얼마나 크고 중요한데요. 오늘 이야기하길 잘했어요. B차장, 지금 마음은 어떤가요?"

B차장은 D이사가 이렇게 대화를 청해 준 것이 무척 고마웠다. 대화를 나누다 보니, 자신이 오해를 한 것도 많고, 진작 대화로 풀었어야 했는데 스스로 외톨이 상황으로 자신을 몰고 왔다는 생각이 들어 미안한 마음까지 올라왔다. 그날 이후로 두 사람의 관계는 조금씩 '맑음'으로 진전되고 있다.

D이사는 그날 이후 중요한 사실을 깨달았고, 그로 인해 다짐도 했다. 배려도 꼭 이야기를 하고 해야 한다고 말이다. 그렇지 않으면 큰 오해를 살 수도 있다.

이제는 하수보다는 중수의 경청을, 중수보다는 고수의 경청에 도전해보자. 들어주는 수위에 따라서 상대가 마음을 여는 정도의 차이는 엄청나다. 고수의 경청은 상대가 말하는 모든 것을 듣는 것뿐만 아니라, 상대와 함께 하는 그 순간에 집중해 주면서 시간과 공간을 함께 하는 것이다.

이 책에 나온 사례들은 저자의 코칭 경험을 기반으로 재구성한 내용으로 특정 인물과 특정 조직과는 아무런 관계가 없음을 밝힙니다. 일부 사례들은 당사자 본인에게 사전 동의를 구했습니다.
 편집자 주

에필로그

한 달에 한 번 '상임스 데이'

코로나19 영향으로 많은 사람들이 사회적 거리 두기를 하고 있습니다. 학생들은 제한적으로 등교를 하고, 많은 직장인들은 재택근무를 하면서 행동에 제약을 받습니다. 경기 불황이 가속화되면서 수많은 이들이 생존의 위협마저 받고 있는 가운데 우리들 마음 또한 잠김 상태에 빠지고 말았습니다. 지금보다 나아지리란 보장이 없고, 앞으로도 위기는 수없이 재현될 수 있습니다. 우리는 어떻게 해야 할까요?

애써 의연한 척 이전의 삶으로 돌아갈 수 없는 현실을 이제 받아들여야 한다고 말하지만, 모두의 마음속에서는 수많은 전쟁이 일어나고 있습니다. 아직 오지 않은 미래에 대한 걱정과 우려가 시시

각각 우리 마음에 불안을 가져다 줍니다.

이때 우리 자신을 지켜줄 유일한 것은 바로 마음입니다. 내면의 힘을 키우고, 내 안의 강인한 에너지를 이끌어내어 삶의 자원으로 삼아야 합니다. 스스로를 믿고 용기 있게 도전해야 합니다. 그 열쇠는 내 마음속에 있습니다.

이 책을 읽으면서 어떤 마음이 드셨습니까? 아마도 마음이 무엇인지, 왜 마음을 들어주어야 하는지, 그리고 어떻게 들어주어야 하는지를 아셨으리라 생각합니다. 더불어 나 자신에 대한 마음 또한 다르게 다가오셨을 것이라 여겨집니다.

누군가의 마음을 들어주기 전에

누군가의 마음을 들어주기 전에 내 마음을 살피고 자각하는 것이 먼저입니다. 그 경험과 성찰이 부족하면 타인과의 관계에서도 마음을 담기 어렵습니다.

여러분은 이제부터 스스로의 마음을 알고자 어떻게 집중하고 투자를 하시겠습니까? 이 책에 나온 많은 것들을 다 해보겠다 욕심내지 마시기 바랍니다. 한 가지만 정해서 계속 하는 일이 무엇보다 중요합니다. 그 하나가 완전하게 내 것이 될 때, 여러분은 또 다른 변화에 도전하게 될 것입니다.

비즈니스 전문 코치로 살아온 나를 다잡아준 시간은 바로 '상임스 데이'였습니다. 아무리 바쁜 일정이라도 한 달에 한두 번 나를 만나는 시간을 정해 놓았습니다. 이 날은 스마트폰과도 이별하고, 한적한 곳으로 가서 자연 속의 나무, 꽃, 시냇물, 하늘과 대화를 합니다. 내가 나무나 꽃이 되어 나에게 물어보고 답하면서 부족했던 내면을 채우고, 성찰하는 시간을 가집니다. 누구에게나 나 자신을 위한 시간이 필요합니다. 여러분들도 자신만의 스타일로 스스로를 살피고 내면의 지혜를 이끌어내는 시간을 만들면 좋겠습니다.

지금 누구나 어려운 시기에 직면해 있고 우리의 마음 또한 매우 힘든 상황입니다. 이때 그 마음을 외면하거나 숨기면 마음은 더 삐쳐 버립니다. 있는 그대로 들어주고, 표현해 주어야 합니다. 그러는 과정을 통해 마음의 여백도 생기고 충만감도 더해지게 될 것입니다. 오늘 내 마음을 살피고 그 안에서 행복을 찾는 지혜를 더하시길 바랍니다.

Thanks to

이 책이 출판되기도 전에 저자 특강을 했습니다. 한 예비 독자는 '내면의 아이를 만날 용기가 필요하다'는 책 내용 중 한마디에 눈물을 쏟아냈습니다. 호주에 거주하는 어떤 강사는 화상회의 앱을 통해 만난 자리에서 '마음이라는 단어를 그렇게 사용하면서도 한번도 그 본질을 생각해본 적이 없는데, 마음의 본질을 살펴보니, 이제 정말 마음의 근육을 단단하게 할 수 있다는 자신감이 올라왔다'라고 말했습니다. 이 책에 수록된 내용을 미리 경험한 사람들이 입을 모아 말합니다.

"경청이라는 것이 이렇게 심오한 것인지 지금에서야 알았다. 그 중한 것을 소홀히 했으니, 내 주변 사람들에게 미안한 마음이 든다", "생각, 감정, 갈망을 한 세트로 이야기해야 했는데, 그동안 내 생각만 강조하다 보니 머리가 터질 것 같은 상태가 되었다. 생각, 감정, 갈망을 연결해서 마음을 들어주니 이제야 정리 정돈되는 느낌이다", "회사에서 소통을 잘한다고 자신했는데, 결국에는 나 혼자만의 잔치였다. 한번도 그들의 이야기를 제대로 묻거나, 마음을 들어본 적이 없다. 그리고 그런 것을 배운 적도 없었다. 이제 초심으로 돌아가 소통의 기초인 경청을 제대로 연습해볼 생각이다", "보스는 말만 듣고 리더는 마음까지 듣는다고 하는데, 나는 보스였다. 마음을 듣는다는 생각조차 한 적이 없다. 마음을 들어보는 리더로 거듭나보겠다".

모쪼록 이 책을 읽는 여러분들도 같은 마음이면 더 바랄 것이 없겠습니다.

『마음을 아는 자가 이긴다』는 많은 사람들과 함께 한 공동 작업의 결과물입니다. 그동안 비즈니스 코칭을 함께 해준 크고 작은 기업의 리더들께 감사한 마음을 전합니다. 그분들로부터 많은 배움과 성장의 선물을 받았습니다. 그리고 마음공부를 통해 삶의 대변혁을 경험하게 하고, 마음 코칭의 새로운 장을 열게 해주신 나의 스승 인경 스님에게 머리 숙여 감사를 올립니다. 더불어 이 책의 기획에서 완성까지 한 치의 양보도 없이 치열하게 논쟁하면서 완성도를 높여준 쏭북스 송미진 대표에게도 감사한 마음을 전합니다. 또한 나의 투박한 원고에 감성과 깊이를 더할 수 있도록 도와준 가족에게 고마운 마음을 전합니다. 마지막으로 이 글을 읽어주신 여러 독자분들께도 진심으로 감사합니다.

부록

에자일 Agile 회의 문화를 만들어내는 $(ROIC)^2$ 모델

요즘 많은 기업에서 에자일Agile을 강조하고 있다. 에자일 조직문화를 구축하기 위해 프로젝트 팀을 만들어 운영하기도 하고, 사무환경을 획기적으로 바꾸기도 하고, 리더들에게 에자일 형 리더십을 강화하라는 미션이 내려지기도 한다.

과연 이 방법이 옳은 것일까? 에자일 조직이란 한마디로 기민하게 움직이는 민첩한 조직을 말한다. 때문에 상명하달보다는 쌍방향 소통이, 수직적인 관계보다는 수평적인 관계가, 관리자형 리더십보다는 코치형 리더십이 필요하다. 때문에 어느 날 갑자기 에자일 조직으로 변화되는 것은 상당히 어려운 일이다.

지금까지 많은 기업에서 $(ROIC)^2$ 모델을 이용해서 회의 문화를 바꾸는 활동을 해왔다. 나는 그동안 회의 진행 방식 하나 바꿨을 뿐인데 직원들의 태도와 마인드가 바뀌는 사례를 수없이 봐왔다.

그래서 제안한다. 회의 문화부터 에자일 방식으로 전환해볼 것을 말이다. 1장에서 5장까지 마음을 들어주고 마음으로 소통하는 방법을 내재화했다면, (ROIC)[2] 모델을 이용해서 회의 문화를 바꾸어보길 바란다. 왜냐하면 회의할 때 주관자에게 가장 필요한 것이 참여자들이 말하는 내용을 잘 듣고 '되물어봐 주기'이기 때문이다.

조직마다 회의는 불변의 경영 활동이다. 그 회의를 어떻게 진행하는가에 따라서 조직문화뿐만 아니라, 조직의 생산성이나 수익성에도 많은 영향을 미친다.

유난히 분위기가 밝고 유연한 데다 가끔씩은 업무 시간에도 모여 노는 것 같은데도 성과가 좋은 조직이 있다. 반면 모두가 진지한 분위기 속에서 열과 성을 다해서 열심히 일하고 있는데도 성과는 갈수록 하향곡선을 그린다.

무엇이 문제일까? 물론 한 가지 원인으로 귀결하기는 힘들다. 환경이 악화되어서일 수도 있고, 경쟁사가 부상했을 수도 있다. 다양한 이슈가 혼재되어 나오는 결과겠지만 가장 먼저 챙겨 봐야 하는 것은 사람이다. 사람들이 어떤 모습으로 일하는지 말이다.

먼저 회의 모습을 스케치해보자. 모두가 참여해서 발언을 하고 만족할 만한 결과를 도출하는 것이 이상적인 회의 모습이다. 회의 성격에 따라서 일방적으로 통보해야 하는 때도 있고, 치열하게 토론해야 할 때도 있다. 모두의 의견이 반영되어야 하는 회의도 있다.

구성원 모두가 기꺼이 즐거운 마음으로 참여하는 회의 문화를 만드는 것이 필요하다. 누군가는 열심히 이야기하고, 누군가는 열심히 받아 적는 일방향의 천편일률적인 회의는 그만하자.

명확한 규칙과 프로세스를 적용하면 더 이상 이런 회의는 안 할 수 있다. 블루밍 경영연구소에서는 2014년 조직의 생산성을 높일 수 있는 (ROIC)^2 모델을 개발했다. 영업용 투하 자산에 대한 회수율을 최대한으로 높이는 것에 초점을 둔 모델이다. ROI Return On Investment는 많이 들어봤을 것이다. 회사에서 투자한 금액 대비 돌아오는 수익률을 나타내는 지표다. 경영 성과 측정 기준 중의 하나로 투자의 효율성과 수익성을 평가하는 데 사용한다. 순수 영업용 투하 자산에 대한 수익률 지표인 ROIC Return On Invested Capital는 좀 다르다. 오로지 영업활동을 위한 자산과 영업활동으로 인한 이익을 가지고 해당 기업의 수익성을 나타내는 지표로 기업의 수익 창출 역량을 측정하는 데 쓰인다.

(ROIC)^2 모델에서는 우리가 사용하는 근무시간, 즉 회의, 면담, 일하는 시간도 영업용 투하 자산으로 보아야 한다는 것에 중점을 두고 있다. 투자한 금액에 대해서만 회수율을 따질 것이 아니라, 무심결에 사용하고 있는 근무시간에 대한 생산성도 고려해야 한다

는 것을 강조한다.

우리는 주어진 시간에 대한 부가가치를 간과하는 경우가 많다. 그 시간에 대한 비용을 지불해야 한다면 아마도 좀 더 생산적이고 효율적으로 활용하고자 노력할 것이다. 1시간 면담을 했다고 치자. '면담에 참여한 쌍방 모두 확실한 결론을 만들어낸 의미 있는 시간이었다. 앞으로 서로 할 것을 명료화했다'라는 식의 멘트가 나와야 성공한 것이다. 그러기 위해서는 정교화 된 프로세스 기반의 대화가 진행되어야 한다.

(ROIC)^2 모델은 8단계로 되어 있다. 단계별 8개의 질문은 우뇌와 좌뇌를 넘나드는 질문으로 구성되어 있다. 각 단계마다 참여한 사람들이 모두 발언을 하게 만드는 것이 매우 중요하다.

1단계 라포 Rapport는 서로를 연결하기 위해 감성을 자극하는 질문이다. 긍정의 에너지를 끌어내는 단계다. 2단계 주제 Object는 좌뇌를 자극하는 질문이다. 3단계 영향/의미 Implication는 8단계 중 가장 중요한 단계이다. 본질을 보게끔 하는 질문으로 우뇌와 소뇌를 자극할 수 있는 질문이다. 여기까지 수월하게 진행하면 그다음 4단계에서 진짜 말하고 싶은 핵심 주제 Core Agenda를 정하게 된다. 5단계 현상과 기대 결과 Reality/Result는 철저한 객관화 과정이다. 6단계 대안 Option은 우뇌와 좌뇌를 넘나들면서 새로운 아이디어를 샘솟게 해야 한다. 7단계 상상 Imagination은 철저하게 우뇌를 자극한다. 마지막으로 8단계 확인Confirm은 체계적 실천을 위한 자극 단계이다.

가급적 8개 프로세스를 순서대로 하는 것이 좋다. 각 단계별 의미와 주요 질문을 살펴보자.

(ROIC)² 모델 8단계

(주)블루밍 경영연구소 개발

전반부 ROIC
– 몰입을 유도하고 주제를 명확히 하는 단계

1단계 : R - 라포 Rapport, 신뢰로 몰입을 유도하라

앞서 본문에서도 살펴보았듯이 라포는 프랑스어로 '다리 놓기, 연결하기'를 의미한다. 본론으로 들어가기 전에 상대와 마음을 연결하는 과정이다.

회의나 대화를 시작할 때 가장 먼저 무엇을 하는가? 단도직입적으로 본론에 들어가는 사람도 있고, 스몰토크로 분위기를 부드럽게 만드는 사람도 있을 것이다.

조직에서 누군가를 만나서 대화를 한다는 것은 목적성이 있는 경우가 대부분이다. 그 목적을 이루기 위해서는 모두가 진심으로 대화의 장으로 참여하는 것이 매우 중요하다. 대화를 하거나 회의를 진행하기 전에 몰입하도록 하기 위해 어떤 활동을 하는가? 좋은 회의 결과를 얻고 싶다면 먼저 참석자들의 마음을 열고 자발적 의지를 높여야 한다. 기분 좋은 마음으로 시작하면 그만큼 긍정의 과정으로 이끌어가기 쉽다. 반대로 우울 모드로 시작하면 회의 분위기도 우울해지고, 무엇보다 참석자들이 몰입하기 힘들다. 투자한 시간 대비 좋은 결과를 만들고 싶다면, 참석자들의 마음 문부터 노크하자.

"최근 기분 좋았던 일은 뭔가요?"
"삶이 감사한 이유를 하나씩 이야기해봅시다."
"당신에게 오늘 가장 소중한 건 뭔가요?"
"당신을 행복하게 하는 건 뭔가요?"

이런 말을 꺼내면 처음에는 다들 당황스러워한다. 갑자기 우뇌를 자극하는 질문을 받으니 그럴 만하다. 그러나 처음 어색함에 굴복하지 말고, 인내심을 갖고 반드시 라포를 위한 질문을 던져보자. 이런 질문 하나가 내면을 돌아보면서 자신과 접촉할 수 있게 만드는 아주 중요한 순간이 된다. 접촉과 동시에 마음의 문이 살짝 열리고, 자기 존재도 발견하게 된다. 기분 좋은 이야기를 했으니, 긍정적 에너지도 세상 밖으로 나온다. 이 분위기를 먼저 만들어야 참석자들이 좀 더 회의에 집중하게 할 수 있다.

2단계 : O - 주제 Object, 명확한 주제를 공유하라

2단계는 목적을 명확하게 공유하는 단계다. 대화를 하거나 회의를 할 때, 참석한 사람들이 왜 모였는지를 알아야 한다. 모두가 다 알지만, 간과하기 쉽다. 회의나 면담, 미팅을 할 때는 커뮤니케이션 목적을 분명히 하는 것이 중요하다. 바쁜 일상에 쫓기다가 서둘러 참석한 회의. 참석은 했지만, 무슨 일 때문에 참석했는지 모르는 상황이 발생하기도 한다. 주관자가 이야기해 주는 것도 좋지만, 가급적이면 참석자들이 회의 주제를 말해보도록 하는 것이 훨씬 효과적이다.

"오늘 회의 주제가 뭔가요?"
"오늘 우리가 여기에 모인 이유는 뭔가요?"
"무엇을 결정하기 위한 자리인가요?"
"이 시간에 나눌 이야기는 뭔가요?"

이 질문에 답을 못하는 사람이 있을 수도 있다. 옆 사람이 이야기하는 것을 듣고 '아, 그렇지'라고 인식할 수도 있다. 어떤 경우든 이 질문은 모두가 오늘 왜 여기에 모였는지 공감대를 형성하는 데 도움을 준다. 더불어 혼잡한 생각들로부터 빠져나와 회의에 집중할 준비를 하게 된다.

3단계 : I-의미 Implication, **의미를 확인하라**

임플리케이션Implication은 행동 및 결정이 초래할 수 있는 영향, 명제의 다른 개념 또는 함축되어 있는 의미를 나타낸다. 회의 목적에 대한 본질적인 내용을 살펴보는 단계다. 우리는 회의를 할 때, 너무 큰 주제를 놓고 방대하게 진행한다. 큰 주제를 가지고 논의를 하다 보니, 파생되는 이슈가 많아진다. 그 이슈마다 꼬리에 꼬리를 물고 논의를 하다 보면 핵심을 잃고 좌초하게 된다. 회의가 중구난방으로 흘러가면서 결론에 도달하기보다는 추가 논의거리만 만들고 종료하게 된다.

이러한 일들을 막기 위해 다음과 같은 질문이 필요하다.

"말씀하신 그 주제가 의미하는 것은 뭔가요?"
"그 주제를 말씀하시는 특별한 배경이 있나요?"
"말씀하신 내용의 본질은 뭘까요?"
"우리가 오늘 왜 만난 건가요? "

예를 들어 조직문화 구축이라는 주제를 가지고 회의를 한다면 어떤 이야기가 나올까? 조직문화는 오랜 세월 많은 활동들이 모이고 모여서 만들어진 결과물이다. 때문에 다양한 소주제가 나올 수 있다. 복리후생, 조직 분위기, 소통 문화, 근태, 팀워크 등 다양한 이슈가 불거져 나온다. 이야기가 계속 맴돌 수밖에 없다. 매번 하던 이야기만 하다가 어색하게 종료될 가능성이 높다. 조직문화라는 주제의 본질을 생각해 볼 수 있도록 자극해야 한다.

"조직 문화 구축이란 어떤 의미인가요?"
"여러분이 생각하는 조직문화란 것은 어떤 겁니까?"
"조직문화를 한마디로 표현하면 결국 뭔가요?"

이런 질문은 표면적인 이슈에서 벗어나 '왜 이 이야기를 하고자 하는지, 정말 하고 싶은 이야기가 무엇인지'를 한 단계 더 들어가서 생각하게 된다. 우뇌로 이동해서 그 주제를 통합적으로 관조해보는 효과도 있다. 이 과정에서 주제가 세분화되고, 집중해야 하는 주제를 찾아낼 수 있게 된다. 많은 조직에서 놓치고 있는 중요한 단계이다.

이 단계를 잘 거치면 "소통이 잘 되는 거요. 신바람 나게 일하는 거요. 성과를 내는 조직이요. 한 방향으로 가는 거요. 우리 회사의 색깔이요" 같은 다양한 답변이 나온다.

'인재 육성을 어떻게 하면 잘 할 수 있을까?'라는 주제로 회의를 한다고 치자. 그렇다면 우선 참석자들에게 '인재 육성'의 의미를 물어야 한다. 그 질문에는 이미 "일 잘하는 인재로 키우는 것이다.

임파워먼트Empowerment 하는 것이다. 자발성을 키워 주는 것이다. 일에서 성과를 내는 사람으로 육성하는 것이다. 책임감 있게 일하는 인재로 키우는 것이다" 같은 여러 의견이 나올 것이다. 이때 큰 주제가 이렇게 바뀐다.

"어떻게 하면 주어진 업무에 책임을 다하는 인재로 키울 수 있을까?"

"임파워먼트를 잘할 수 있는 방법은 무엇일까?"

이렇게 주제가 분명해지면 실천과제 또한 단시간 내에 찾아낼 수 있다. 큰 주제로 계속 도돌이표를 찍는 회의를 할 것인가? 작은 주제를 하나씩 해결하면서 큰 주제를 해결해 나가는 단계를 밟을 것인가? 그 결정은 '임플리케이션을 묻는가, 그렇지 않은가'에 달려 있다.

4단계 : C - 코어 어젠다 Core Agenda, 진짜 주제를 정하라

코어 어젠다Core Agenda는 핵심적이고 중요한 토론 과제, 정말 해결하고 싶은 주제를 의미한다. 3단계 임플리케이션을 물어보는 과정에서 참석한 사람들이 정말 논의하고 싶은 주제가 나오게 된다. 그 내용을 기반으로 진짜 논의할 주제를 무엇으로 할지를 정하는 단계이다.

애매한 주제를 가지고 결론 없는 회의를 하게 되는 경우가 있는데, 이는 주제를 쪼개고 쪼개서 큰 주제 아래 핵심 어젠다를 찾지 못하기 때문이다. 회의 핵심 주제를 명료화하는 데 총 회의 시간의 50%를 사용해도 된다. 그만큼 중요하다는 거다.

세부 실천 과제를 뽑을 수 없을 정도로 거대한 주제의 늪에 빠지지 말자. 회의를 주관하는 사람이 주제를 좁히는 과정을 생략하면 회의가 계속 겉돌거나 주관자 중심으로 흘러가게 된다. 일대일 대화를 나눌 때도 마찬가지다. 대부분 처음 나온 주제를 가지고 대화를 이어가는데, 갈수록 답답해지고 뭔가 맴돈다는 느낌이 든다. 진짜 주제를 찾지 않고 큰 주제로 대화를 진행시켰을 가능성이 크다.

진짜 주제를 찾기 위해서는 숨은 그림 찾기 게임을 하듯이 탐색해야 한다. 대부분의 사람들은 처음 자신의 이야기를 있는 그대로 솔직하게 하지 않는다. 그뿐만 아니라 자신이 정말 어떤 이야기를 하려고 하는지 인식하지 못하는 경우도 많다. 이런 상황에서 진짜 주제에 대한 탐색이나 합의가 일어나지 않으면 결국에는 대화의 생산성은 떨어지게 마련이다.

의미를 묻고, 배경을 묻고, 정말 하고 싶은 이야기가 뭔지를 묻는 질문에 답을 하면서 핵심을 보고, 정말 말하고 싶은 주제를 찾아야 한다. 진짜 주제를 찾아가는 질문은 다음과 같다.

"오늘 정말 이야기하고 싶은 것은 무엇인가요?"

"오늘 대화가 끝나고 나면 어떤 결론을 얻고 싶은가요?"

"대화하고 싶은 것을 한 문장으로 정리해 보면 어떻게 되나요?"

후반부 ROIC
– 현재 수준과 목표, 그리고 대안 Option을 찾는 단계

5단계 : R - 현재/목표 Reality/Result, 좌표를 분명히 하라

코어 어젠다 Core Agenda를 정했다면, 다음은 현재 상황과 원하는 목표를 분명하게 하는 과정이 필요하다. 팀의 현재 위치와 도달하고자 하는 지점의 좌표를 분명히 하는 것이다. '팀원과 소통을 잘하려면 어떻게 해야 하나?'라는 주제를 정했다면 우선 팀원과의 소통 수준부터 파악해보아야 한다.

"당신은 팀원과의 소통 점수가 100점 만점에 몇 점 수준인가요?"

"그 점수가 의미하는 것은 어떤 건가요?"

"팀원은 당신의 소통 리더십에 몇 점을 줄까요?"

현재 수준을 객관화하는 단계가 먼저 필요하다. 조직문화, 소통, 업무 만족도처럼 분명한 데이터가 없는 주제에 대해서 회의를 할 경우, 숫자로 표현하게 하고 그 숫자가 의미하는 것이 무엇인지를 물어야 한다. 좋다, 보통, 나쁘다 등은 객관화하기 힘들다. 점수화를 하면 전체 수준도 가늠할 수 있고 평균치를 산정할 때도 도움이 된다. 6명이 회의를 하는데, 소통 점수를 각각 50점, 60점, 80점, 60점, 90점, 85점이라고 말했다고 하자. 이 숫자를 더해서 평균을 내면 약 71점이다. 이 평균치를 제시하는 순간 90점인 사람도 71점 수준에서, 50점인 사람도 71점 수준에서 출발하게 된다. 이 지점에서 회의 참석자들의 목표치에 대한 합의도 해야 한다.

"팀원과의 소통을 몇 점 수준까지 올리고 싶은가요?"
"그 상태가 되면 어떤 변화가 예상되나요?"

그런 다음 앞으로 개선하고 싶은 목표와의 차이를 확인한다. 현재 평균이 71점이고 앞으로 원하는 목표가 90점이라면 19점의 차이가 있다. 이 숫자를 인식하는 순간 더 구체적으로 노력할 행동들을 생각하게 된다. "19점의 갭을 줄이기 위해 무엇을 해야 할까?"

라는 질문을 던져보라. 이쯤에서 참석자 모두의 동참 의지가 높아진다. 목표 달성을 위한 구체적이면서 다양한 아이디어가 나오기 시작한다. 모두가 공감한 주제인 데다 현재 상황과 목표를 객관화해서 분명하게 인식했기 때문이다. 이 단계에서 참석한 팀원들은 주인의식과 함께 공동체 의식이 높아지게 된다. 때문에 대안을 찾을 때 좀 더 적극적으로 참여하게 된다.

6단계 : O - 옵션 Option, 다양한 대안을 찾아라

옵션 Option은 방안이나 방법을 의미한다. 5단계에서 현재 수준과 목표를 확인하고 그 차이를 확인했다. 그러면 그 차이를 극복할 수 있는 방법을 찾아야 하지 않는가?

6단계는 대안 찾기 활동을 하는 단계다. 최대한 많은 대안을 찾는 게 중요하다. 처음에 나오는 3, 4개의 솔루션은 항상 말만 하는, 실행력이 뒷받침되지 않는 대안일 가능성이 크다. 그동안 찾지 못했던, 내 안에 꽁꽁 숨겨 두었던 강력하고 신선한 아이디어를 이끌어 내야 한다. 상대가 한 이야기를 되물어봐 주는 복사기 화법을 활용하면 좋다. 자신이 한 말이 도돌이표를 찍고 다시 자신에게 돌아오는 그 지점에서 한 단계 더 들어간 새로운 관점을 생각해 낼 수도 있기 때문이다. 그동안 생각지도 못했던 아이디어가 툭툭 튀어 나온다. 뒤로 갈수록 강력한 솔루션들이 샘솟게 된다.

"목표 수준까지 가기 위해 어떤 노력이 필요할까요?"
"목표를 이루기 위해 어떤 행동을 해야 할까요?"
"그리고 또 뭐가 있을까요?"

일대일로 대화를 할 경우에는 "그리고 또 뭐가 있을까요?"라는 질문을 3~5회 다양하게 물어봐야 한다. 이 질문을 할 때는 센스를 더해야 한다. 같은 톤으로 반복 질문하면, 상대는 뭔가 취조 당하는 듯한 느낌을 받을 수 있다. 좀 더 부드럽게 상대방 중심으로 말해야 한다. 복사기 화법을 적용해서 해보자. "앞에서 이런 것을 하신다고 했는데, 또 뭐가 있을까요? 새롭게 해볼 수 있는 게 또 뭐가 있을까요?" 같은 식으로 다양하게 접근해야 한다.

"아무런 제한이 없다면 뭘 해볼 수 있을까요?"
"마지막으로 하나만 더 얘기하면 뭐가 있을까요?"
"지금까지 생각하지 않았던 아이디어가 있다면 어떤 것일까요?"
"당신이 존경하는 분이라면 무엇을 할 것 같은가요?"

여기에서 찾아낸 아이디어를 다 실행할 수는 없다. 다만, 이 과정에서 다양한 아이디어를 언급하다가 '아하!' 하고 자각하는 대안들이 나온다. 그것이 바로 변화행동의 핵심이다.

회의를 할 때도 운영의 묘를 발휘해야 한다. 10명이 모여서 회의를 한다고 치자. 이때 주관하는 사람이 "돌아가면서 이야기해봅시다"라고 말하면 몰입도도 떨어지고 아이디어도 도망가게 된다. 10명이 1분씩만 이야기해도 10분이 훌쩍 지나간다. 이야기하는 사람을 온전히 듣기에는 방해요소들이 너무 많다.

이때는 긴장감 있게 아이디어를 낼 수 있도록 해야 한다. 포스트잇을 세 장씩 나누어준다. 그리고 각자 아이디어를 작성하게 한다. 3분이면 충분하다. 작성한 내용을 발표하면서 유사한 내용끼리 분류도 한다. 서로 협의하고 작성한 것도 아닌데, 대동소이한 솔루션들이 나온다. 여러 명이 낸 아이디어를 분류해서 정리하면 실행할 과제의 우선순위도 한눈에 볼 수 있다.

모든 것을 다 실행할 수는 없다. 선택과 집중, 최우선 과제를 정해야 한다. 최우선 과제에 대해서 세부 실천 계획을 수립하면 된다. 이 단계에서 이미 참석자들은 무엇을 실천해야 하는지에 대한 의지가 샘솟게 된다. 애자일 조직에서 가장 중요한 기민하고 민첩한 실천은 자발성이 핵심이기 때문에 이 과정에서 각자의 신바람 나는 의견이 개진될 수 있는 지혜를 더해야 한다.

이 옵션을 찾는 단계에서 시간 관리를 잘해야 한다. 돌아가면서 입으로 발표하는 것이 아니라, 3분 안에 포스트잇 3장에 자신이 생각하는 아이디어를 적게 하는 것이 핵심이다. 발표할 때도 짤막하게 핵심 중심으로 발표하도록 가이드 하는 것이 중요하다. 이 단계를 잘 운영하면 회의 시간을 30,40% 이상 줄일 수 있다.

7단계 : I-상상 Imagination, 성공을 상상하게 하라

상상Imagination은 실제로 경험하지 않은 현상이나 사물에 대하여 마음속으로 그려보는 것이다. 원하는 목표 수준까지 올라가면 어떤 기분이 들지, 어떤 상황이 예상되는지를 이야기해보게 한다. 이 단계에서 다시 한번 우뇌로 가보는 것이다. '상상하면 이루어진다'라는 말이 있다. 머릿속에 그린 성공 이미지를 이야기하게 되면, 더 강력한 실행의지와 자신감을 더하게 된다. 검토에 검토를 한 후에 실행하기에는 세상이 너무 빠르게 변화하고 있다. 새로운 아이디어를 찾아 실행해보는 조직문화를 만들어가는 데 매우 의미 있는 단계라 할 수 있다.

"그런 실행을 통해 목표를 이루면 어떤 기분이 들까요?"
"성공을 하면 팀에 어떤 변화가 올까요?"
"변화를 이룬 자신에게 칭찬 한마디 해주세요."

"최고로 소통이 잘 되는 팀으로 선정되어 사내 방송에 나오게 되었습니다. 무슨 말을 하시겠습니까?"

이런 질문에 답을 하면서 성공의 모습을 상상하게 되고, 그 상상은 변화행동을 실천하고자 하는 의지를 더 높이게 된다.

8단계 : C-확정 Confirm, 실행을 약속하라

확정 Confirm은 실행할 것을 약속하는 것이다. 회의는 어떤 실행을 위한 논의의 자리다. 같이 모여서 회의를 하지만 이해하는 눈높이가 다르고, 실행과제에 대해서도 해석이 다른 경우가 비일비재하다. 때문에 회의를 끝내기 전에 랩업 Wrap up을 잘해야 한다. 랩업이란 회의나 토론 내용 및 결론에 대해서 모두가 합의할 수 있도록 정리 정돈 하는 것을 말한다.

"한국어로 회의를 했는데, 각자 이해하는 것이 달라요. 당황스럽네요."

"몇 명은 본부장이 승인했다고 하고 몇 명은 반대했다고 하고. 어쩔 수 없이 본부장에게 승인 여부를 확인한 적이 있어요."

"회의 끝난 뒤 다시 처음으로 돌아가는데, 회의는 도대체 왜 한 건지 모르겠어요."

회의를 주관한 사람은 반드시 회의를 마치고 해산하기 전에,

'회의 주제는 뭐였는지, 현재 상황과 목표점이 어디였는지, 다양한 의견 중에 실행에 옮기기로 한 내용은 무엇인지, 누가 언제까지 무엇을 하기로 했는지' 등을 간결하게 요약해서 확인해야 한다. 서로 과제를 확인하고 언제까지 무엇을 누가 완결할 것인지를 확인하는 것이 필수 과정이다. 그래야 자신의 과제로 인식하게 되고, 현업으로 돌아가서 실행에 옮기게 된다.

"최우선적으로 실행할 것은 뭔가요?"
"언제부터 할 건가요?"
"과제의 성공을 어떻게 확인할 수 있을까요?"
"내가 도와줄 건 뭔가요?"
"방해 요소는 없나요?"

'리더들이 어떤 변화를 해왔고 할 계획인지' 그리고 '정기적으로 팀원들이 어떤 변화를 감지하는지'와 같은 모니터링 장치도 중요하다. 이처럼 조직에서 그 결과물이 나오기까지 주도면밀함이 필요하다. 대충 던져주는 과제에는 몰입하기 힘들다. 그들이 하나하나 이야기를 하면서 무엇을 할 것인지 스스로 말하게 해야 한다. 또 상대가 이런 변화 활동을 어떻게 받아들이고 느끼게 할 것인지에 대해서도 논의를 해야 조직 생산성을 높일 수 있다.

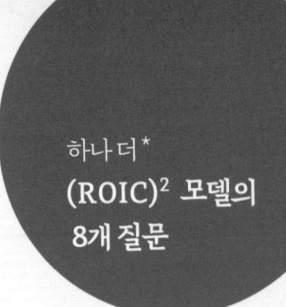

하나 더*
(ROIC)² 모델의
8개 질문

모두가 신나게 참여하는 회의가 되려면

일상의 대화, 면담, 협상 등에도 (ROIC)² 8단계 모델을 적용해 보자. 대부분 이 모델을 적용한 사람들은 '대화하면서 깔때기로 걸러내는 느낌이다. 속 시원하게 결론까지 갈 수 있다. 참석자들이 예전과는 다르게 신나게 참여하고 몰입한다. 정말 30분 만에 회의를 끝낼 수 있다' 같은 반응을 한다. 회의에 프로세스를 적용해 볼 생각을 못했는데, 매우 효과적이라고 입을 모으기도 한다. "처음에는 어색한데 계속하니까 그 어떤 주제가 던져져도 겁나지 않는다. 말하지 않고 침묵으로 일관했던 직원들이 입을 여는 것이 신기하고, 업무에 임하는 자세도 변화하는 것을 보고 놀라웠다"라고 하는 이들도 많다.

(R) 지난 한 주 스스로 잘했다고 생각하는 한 가지씩을 이야기해봅시다.

(O) 오늘 회의 주제가 뭔가요?

(I) 그 (주제어)것이 의미하는 것은 뭔가요?

(C) 오늘 정말 논의할 것은 뭔가요?

(R) 현재는 어떤 상태인가요? 어떤 상태로 변화, 발전하고 싶은가요?(현재는 몇 점 수준인가요? 몇 점 수준까지 변화, 발전하고 싶은가요?)

(O) 그 차이를 줄이기 위해 어떤 것을 해야 할까요?(5~10번 이상 되묻기)

(I) 그 목표를 이루면 어떤 기분이 들까요?

(C) 우선 집중해서 실행할 것은 뭔가요? 언제부터 할 건가요? 방해요소는 없나요? 오늘 회의에 대한 소감을 말씀해 주세요.

마음을 아는 자가 이긴다

초판 1쇄 발행 2020년 7월 15일
초판 5쇄 발행 2023년 7월 3일

지은이   김상임
펴낸이   송미진

펴낸곳   도서출판 쏭북스
출판등록   제2016-000180호
주소   서울시 마포구 큰우물로 75 1308호(도화동, 성지빌딩)
전화   (02)701-1700
팩스   (02)701-9080
전자우편   ssongbooks@naver.com
홈페이지   www.ssongbooks.com
ISBN   979-11-89183-10-3(03320)

ⓒ김상임, 2020
값 16,000원

- 이 책은 저작권법에 따라 보호를 받는 저작물입니다. 무단 전재와 복제를 금합니다.
- 이 책 내용의 전부 또는 일부를 사용하려면 반드시 저작권자와 도서출판 쏭북스의 동의를 받아야 합니다.
- 잘못된 책은 구입하신 서점에서 교환해 드립니다.
- 도서출판 쏭북스는 주식회사 시그니처의 브랜드입니다.
- 도서출판 쏭북스의 문을 두드려 주세요. 그 어떤 생각이라도 환영합니다.